O COLAPSO
DA DEMOCRACIA
NO BRASIL

LUIS FELIPE MIGUEL

O COLAPSO DA DEMOCRACIA NO BRASIL

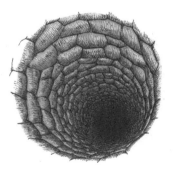

DA CONSTITUIÇÃO AO GOLPE DE 2016

O colapso da democracia no Brasil
[cc] Fundação Rosa Luxemburgo, 2019

Dados Internacionais de Catalogação na Publicação (CIP)

M636c   Miguel, Luis Felipe.
        O colapso da democracia no Brasil : da constituição ao golpe de 2016 / — 1. ed. — São Paulo: Fundação Rosa Luxemburgo, Expressão Popular, 2019.
        216 p. — (Coleção Emergências).

        ISBN 978-85-68302-14-9 (Fundação Rosa Luxemburgo)
        ISBN 978-85-7743-362-9 (Expressão Popular)

        1. Democracia - Brasil. 2. Brasil – Política e governo. 3. Brasil – Golpe de 2016. 4. Partido dos Trabalhadores. 5. Lulismo. I. Título. II. Série.

                                                                CDU 321.7(81)

Catalogação na Publicação: Eliane M. S. Jovanovich CRB 9/1250

"Esta publicação foi realizada pela Fundação Rosa Luxemburgo com fundos do Ministério Federal para a Cooperação Econômica e de Desenvolvimento da Alemanha (BMZ)".

"Somente alguns direitos reservados. Esta obra possui a licença Creative Commons de 'Atribuição + Uso não comercial + Não a obras derivadas' (BY-NC-ND)"

EDITORA EXPRESSÃO POPULAR
Rua Abolição, 201 – Bela Vista
CEP 01319-010 – São Paulo – SP
Tel: (11) 3112-0941 / 3105-9500
livraria@expressaopopular.com.br
www.expressaopopular.com.br
ed.expressaopopular
editoraexpressaopopular

FUNDAÇÃO ROSA LUXEMBURGO
Rua Ferreira de Araújo, 36
05428-000 São Paulo SP – Brasil
Tel. (11) 3796-9901
info.saoPaulo@rosalux.org
www.rosalux.org.br/
@RosaluxSaoPauloBuenosAires

SUMÁRIO

Introdução: a transição brasileira encontra seu limite 9

1 – A transição política e a democracia no Brasil 31

2 – O PT e o lulismo 59

3 – A recomposição da direita brasileira 89

4 – Os meios de comunicação e a democracia 117

5 – A derrota de 2014 e a produção do golpe 147

6 – Conclusão: o futuro da resistência democrática. 177

Notas 195

Para saber mais. 197

Referências bibliográficas 203

Sobre o autor 215

COLEÇÃO EMERGÊNCIAS

Debates urgentes, fundamentais para a compreensão dos problemas brasileiros, com enfoques quase sempre invisibilizados. Essa é a proposta da Coleção Emergências, uma iniciativa da Fundação Rosa Luxemburgo e da Editora Expressão Popular. Há um volume gigantesco de dados e notícias em circulação que nos traz uma falsa ideia de acesso aos temas que pautam a vida política do país. Mas boa parte deste conteúdo é produzido e veiculado pelos donos do poder econômico, que elegem o que deve ser visto e informado de acordo com seus interesses. Por isso, é essencial ampliarmos as maneiras de enfrentar esse ponto de vista único e pautar, com profundidade, temas de relevância para o povo brasileiro.

Nossa Coleção se propõe a discutir questões cruciais para o Brasil a partir de perspectivas pouco divulgadas nos meios de comunicação comerciais. Cada obra não pretende ser a última palavra sobre o tema, mas o ponto de partida para estimular debates e novas leituras. Só entendendo nossa realidade iremos transformá-la. Daí Emergências. Emergências porque é preciso refletir sobre o mundo que vivemos. Já não temos condições de ignorar a gravidade das crises econômica, social, ambiental, política. Emergências porque já não se pode mais insistir em velhas respostas. Emergências porque não podemos mais esperar.

INTRODUÇÃO: A TRANSIÇÃO BRASILEIRA ENCONTRA SEU LIMITE

TERRA ARRASADA: ESTA É A EXPRESSÃO QUE VEM À MENTE quando se pensa no Brasil dos últimos anos. Tudo aquilo que, com esforço, fora construído a partir do final da ditadura militar, em termos de democracia e de promoção da justiça social, foi destruído em pouco tempo. A ofensiva de direita, o golpe de 2016 e a eleição de Jair Bolsonaro em 2018 produziram um revés que poucos seriam capazes de prever ou mesmo de imaginar.

É um retrocesso que ocorre em múltiplas dimensões. A classe trabalhadora foi atingida pela revogação de parte importante da legislação que a protegia na relação com o capital e com a redução do financiamento para educação, saúde e outros serviços públicos. A desproteção social resultante atinge sobretudo as mulheres, principais responsáveis pelo cuidado com as crianças, os velhos e os enfermos. Elas também sofrem, assim como a população negra, os povos indígenas e a comunidade LGBT, com o refluxo das políticas governamentais de enfrentamento dos padrões históricos de opressão social definidos por gênero, raça, sexualidade e classe.

Tantos retrocessos foram acompanhados do fortalecimento de discursos públicos em favor das hierarquias sociais, vistas como reflexos de uma ordem superior, definida por Deus ou pelo mercado, que não pode ser desafiada. Formas ultrajantes de racismo, sexismo e homofobia voltaram a ser verbalizadas sem constrangimentos por agentes no centro da política brasileira.

A perseguição a intelectuais, docentes e artistas com visão crítica foi encampada por setores dentro do Estado, que, por fanatismo ou cálculo, alimentam o pânico contra a "doutrinação comunista", a "ideologia de gênero" e o "marxismo cultural". O recrudescimento da violência contra ativistas de movimentos populares e integrantes de grupos minoritários é uma das consequências da força renovada dos discursos de ódio e de exclusão. O assassinato da vereadora carioca Marielle Franco em março de 2018 tornou-se emblemático – tratava-se de uma representante eleita, detentora de mandato, executada no coração da segunda maior cidade do país. Mas não foi o único caso, sendo registrada uma ampliação significativa da violência, que nunca esteve ausente, contra lideranças indígenas e do movimento camponês.

Outro eixo importante de recuo é a crescente desnacionalização da economia e abandono de qualquer pretensão de afirmação da soberania nacional. O Brasil não apenas vive o retorno das privatizações desenfreadas e da transferência ao capital estrangeiro do controle seja de riquezas naturais, seja de empresas estratégicas (petróleo, Embraer), mas também a emergência de um discurso que apresenta o alinhamento automático e total com os Estados Unidos como o alfa e o ômega de nossa política exterior.

O retrocesso atinge aquilo que, no entendimento convencional dos analistas políticos, fora a grande conquista da transição política dos anos 1980: o regime democrático liberal, regido pela disputa eleitoral, pelo império da lei e pela vigência de garantias e liberdades individuais. À esquerda, era comum criticar seja os limites deste figurino de democracia, seja a redução da transição a seu componente institucional, com o consequente esquecimento das demandas igualitárias e populares que alimentaram a luta contra a ditadura. Mas, em geral, todos concordavam que o modelo estava dado e balizava os principais embates políticos. A alternância no poder representada pelos governos do PT, mesmo com todas as concessões que se fizeram necessárias, parecia ser a prova final de que tínhamos, sim, uma democracia eleitoral funcionando a pleno vapor. A virulência da direita brasileira após a derrota eleitoral de outubro de 2014, com sua disposição para virar a mesa a qualquer custo, foi uma surpresa. Em curto espaço de tempo, a seletividade das instituições se expôs de forma aberta e os mecanismos discriminatórios, de suspensão das garantias e enviesamento evidente da aplicação da lei, que sempre operaram em desfavor dos grupos em posição subalterna, foram trazidos para o centro do sistema político.

O desastre que se desenrola no Brasil nos últimos anos precisa ser explicado a partir de múltiplas variáveis. Há a nova ofensiva do imperialismo estadunidense para retomar o controle da América Latina, que se manifesta com força, ainda que de diferentes maneiras, no refluxo das diversas tonalidades da "onda rosa" de governos progressistas que tomou conta da região no início do século XXI. Há a reemergência de um projeto de país francamente predatório, por parte de elites locais que não se encontram apenas cada vez mais associadas a grupos estrangeiros, mas também cada vez menos identificadas com a população nacional. Um componente circunstancial, mas relevante, é a presença de um vasto contingente das camadas médias, assustado com as transformações em curso no país e disponível para ser a base social do retrocesso. E há, por fim, o embate entre a ordem igualitária que a democracia sempre projeta e o mundo desigual no qual as instituições democráticas se implantam. No momento em que a crise do capitalismo leva ao fenômeno da "desdemocratização" ou ao surgimento da "pós-democracia", teorizados por pensadores dos países centrais, em locais como o Brasil este choque se manifesta com crueza ainda maior. Afinal, quanto de desigualdade a democracia aguenta? E quanto de democracia a desigualdade aguenta?

É este o tema do presente livro. Ele não pretende ser um relato do golpe de 2016, do avanço da extrema-direita e do triunfo do bolsonarismo. Não é um panorama dos eventos que levaram à implantação de um regime dedicado à demolição do pacto corporificado na Constituição de 1988. Não é uma reportagem ou uma reconstituição da história presente. É, ao contrário, um ensaio de interpretação, voltado a indicar caminhos de resposta para a pergunta que emerge a partir dos acontecimentos recentes: como foi possível que o regime democrático e o sistema de direitos construídos no Brasil ao longo de mais de duas décadas ruíssem em tão curto prazo? A explicação, como já antecipei nos parágrafos anteriores, não se resume ao anedotário, às manobras de tal ou qual indivíduo ou agrupamento político, aos desacertos de momento. Parte importante da resposta reside nas relações de força entre grupos sociais no Brasil e na maneira pela qual nossas instituições – isto é, as instituições da democracia eleitoral inaugurada após o fim do regime militar e hoje fraturada – as expressavam.

Alcançar esta resposta passa pela revisão das ilusões que alimentaram a transição democrática brasileira. Como muitos já apontaram, há uma ilusão embutida já na expressão "transição democrática", que presume que o processo de superação da ditadura militar tem um ponto de chegada já predefinido, a democracia, por sua vez igualada a um conjunto de instituições políticas decalcadas da América do Norte e da Europa Ocidental – e seu sucesso se mede pelo grau de aproximação ao modelo. A possibilidade de que a transição produza um regime híbrido, uma nova forma de ditadura ou mesmo uma ordem democrática inovadora é descartada de antemão.

Passadas as turbulências do governo Sarney (1985--1990) e do processo constituinte encerrado em 1988, imaginou-se que o tal ponto final da transição tinha chegado. Não se negava a permanência de muitos problemas, da dívida social ainda em aberto e da concentração dos meios de comunicação de massa à corrupção endêmica e ao clientelismo, mas a disputa política era estruturada por eleições competitivas, estando banidas a coerção física aberta e a fraude na contagem dos votos. A democracia pareceria ter se tornado, como gosta de dizer a ciência política anglófona, *the only game in town* [o único jogo na cidade]: todos os atores políticos relevantes reconheciam que, para chegar ao poder, a única alternativa era jogar o jogo democrático. Um jogo marcado pela incerteza quanto a quem iria ganhar e quem iria perder. Como observou o cientista político polonês Adam Przeworski em artigo que muito influenciou os estudiosos da transição brasileira, a oposição entre autoritarismo e democracia se define pela existência ou pela ausência de um ator político capaz de vetar decisões contrárias a seus interesses. Com os militares abrindo mão da pressão política e aparentemente se tornando, como que por milagre, um não problema a partir do governo Collor, o requisito entendido como central para a democracia estava suprido.

A vitória de Lula, em 2002, pareceu confirmar o veredito. Para alguns analistas, como André Singer, as políticas compensatórias das administrações petistas, que mostravam o Estado brasileiro finalmente preocupado com a situação dos mais pobres, estariam promovendo um realinhamento de expectativas cujo resultado era a ampliação da área de consenso entre os atores políticos mais relevantes. No Brasil do século XXI, não apenas a competição democrática seria o meio indispensável para se chegar ao poder, como o combate à pobreza seria aceito por todos como um objetivo nacional básico. Uma mudança comparável ao *New Deal* nos Estados Unidos, capaz de orientar a vida nacional por décadas.

O golpe de 2016 demonstrou o equívoco destas esperanças. As classes dominantes brasileiras declararam, com veemência, sua inconformidade com a primazia dadas às – modestas – políticas sociais compensatórias e a disposição de usar meios extralegais para revertê-las. Não há dúvida sobre a correção da utilização da palavra "golpe" para descrever os eventos de 2016. Uma presidente, eleita de forma legítima, no exercício do cargo, foi derrubada porque perdeu o apoio da elite econômica, da mídia e do Congresso, sem que tenha sido demonstrado que ela cometeu qualquer uma das ações que, pela lei, justificariam seu afastamento. Setores de aparelho de Estado – o Poder Legislativo, o Poder Judiciário, o Ministério Público, a Polícia Federal e, em papel menos visível mas crucial, as Forças Armadas – decidiram unilateralmente mudar as regras em proveito próprio. Não apenas se promoveu a substituição de um governo por outro ao arrepio dos procedimentos estabelecidos, como se buscou uma reestruturação perene da correlação de forças políticas, com a consequente possibilidade de implantação de políticas antes inviáveis, a partir deste ato de força.

Como todos os golpes, mesmo os militares, o golpe de 2016 recusa seu nome. É chamado de *impeachment*, aceitando que a mera observância do ritual previsto na lei significa que ela foi cumprida quanto a seu conteúdo substantivo. Mais significativa foi a descrição dada no calor dos acontecimentos pelo ex-ministro do Supremo Tribunal Federal, Carlos Ayres Britto, para quem o Brasil estaria vivendo "uma pausa democrática" para um "freio de arrumação para ideias, valores e processos da sociedade brasileira". É recorrente o namoro das classes dominantes brasileiras com a ideia de "pausar" a democracia para resolver determinados problemas, depois simplesmente apertando a tecla *play* para retomá-la – já devidamente esvaziada de atores sociais, de lideranças e de pautas políticas que eram consideradas inconvenientes. O golpe de 1964 foi assim pensado por muitos, mas mergulhou o país numa incontestável ditadura militar por mais de vinte anos. E o golpe de 2016, quando precisou se legitimar por meio de eleições maculadas por intervenções que desfiguraram a possibilidade de real exercício da soberania popular, levou ao poder um grupo com um projeto claramente autoritário, com matizes fascistas.

A crença na institucionalidade vigente era tanta que, no momento mesmo em que o golpe estava sendo desferido, outro importante cientista político, também com credenciais democráticas impolutas, abria seu livro com a seguinte frase: "O Brasil encontra-se no rol das nações com democracias fortes e consolidadas" (Avritzer, 2016, p.7). Mais do que um equívoco na interpretação da conjuntura, o que se revela aqui é a inutilidade da noção de consolidação democrática, com seu enquadramento institucionalista subjacente. De maneira caricatural, mas não muito longe da verdade, é possível dizer que uma democracia está consolidada até o momento em que não está mais. Assim, Uruguai e Chile eram os exemplos canônicos de democracias consolidadas na América do Sul, até que os golpes de 1973 instalaram no poder duas das mais sangrentas ditaduras da história do continente. Em algum momento, a percepção das elites locais da concorrência eleitoral como "único jogo disponível" se erodiu, demonstrando que não se trata de algo tão perene. E a alternância de partidos rivais no poder – *blancos* e *colorados*, radicais e democratas-cristãos – não assegurou a continuidade do regime.

Da mesma maneira, no Brasil a democracia "desconsolidou-se" no momento em que grupos-chave concluíram que o jogo eleitoral não lhes servia mais. Enquanto tais grupos dispuserem deste poder de veto, qualquer ordem democrática será frágil. Esta é a tese central que este livro busca desenvolver.

A ilusão central que paralisa muito do campo democrático e progressista é a crença de que a institucionalidade burguesa pode, de fato, realizar os valores que ela promete. A correta superação da denúncia esquemática da "democracia burguesa" como meramente formal, carente de qualquer efetividade, levou, muitas vezes, a uma cegueira deliberada quanto ao caráter de classe das instituições vigentes. O processo eleitoral e a luta parlamentar cumpriram seu papel, canalizando as energias das principais forças políticas para um embate que, por suas características intrínsecas, possui um potencial limitado de transformação social. Trata-se de um fenômeno que não é restrito ao

Brasil. Por uma série de motivos, que vão do fim da ameaça soviética à crise global do capitalismo, agudizada a partir de 2008, as classes dominantes decidiram dobrar suas apostas, reduzindo as concessões dadas à classe trabalhadora e, portanto, limitando ainda mais o escopo das decisões tomadas por procedimentos democráticos – o que corresponde ao avanço das políticas chamadas de "neoliberais". Quando isto ocorre, a esquerda se vê na posição de defensora da velha ordem liberal democrática, a mesma que, ao longo de sua história, ela identificara como guardiã da estabilidade da dominação de classe.

Na periferia do mundo capitalista, o relato adquire tonalidades ainda mais sombrias. A institucionalidade liberal-democrática e o Estado de bem-estar social, alvos principais do desmonte neoliberal, por aqui nunca passaram de projetos inconclusos. A tutela pouco disfarçada de interesses poderosos sobre decisões que deveriam refletir a soberania popular sempre foi regra, não exceção. É possível arriscar o veredito de que a desdemocratização global representa quase uma teleologia às avessas, em que os regimes políticos dos países centrais ganham características associadas à periferia: instituições competitivas que só funcionam na medida em que não ameaçam as desigualdades, veto explícito dos interesses mais poderosos sobre a lei e as políticas governamentais, baixa disposição a fazer concessões que produzam conciliação social.

Mas a incompletude do figurino adotado nos países centrais não inibe, em casos como o brasileiro, o ataque contra os processos democratizantes e as políticas compensatórias, nosso arremedo de Estado de bem-estar. Como na antiga canção de Caetano Veloso, estamos "na ruína de uma escola em construção": o que se desmonta jamais esteve inteiro. Se, como escreveu Florestan Fernandes, o golpe de 1964 procurava impedir "a transição de uma democracia restrita para uma democracia de participação ampliada" (Fernandes, 1980, p.113), o golpe de 2016 e a eleição de Jair Bolsonaro, em situação de muito menor efervescência política e cultural, visaram apertar ainda mais os limites da democracia restrita vigente e bloquear qualquer possibilidade de que as instituições concorrenciais fossem usadas em proveito da classe trabalhadora e da população mais pobre.

O golpe, portanto, não foi um evento, ou uma sucessão de eventos: a abertura do processo de *impeachment* por Eduardo Cunha, em 2 de dezembro de 2015; a votação na Câmara dos Deputados, em 17 de abril de 2016; o afastamento provisório de Dilma Rousseff pelo Senado, em 12 de maio de 2016; a derrubada definitiva da presidente, em 31 de agosto de 2016. O golpe foi um processo, emblematizado pela queda de Dilma, mas que não se esgotou nela, um golpe cujo sentido é o retrocesso nos direitos, a redução do peso do campo popular na produção da decisão política e o adormecimento do projeto de construção de uma sociedade mais justa. A vitória de Jair Bolsonaro nas eleições presidenciais de 2018 foi um desdobramento, em certa medida imprevisto, deste processo, que continua em aberto e para o qual, infelizmente, não há perspectiva de solução a curto prazo.

Em meados de 2019, o campo democrático e popular permanece em situação de atordoamento. A crença renitente no funcionamento das instituições permanece operante, seja na esperança sempre renovada e sempre frustrada na intervenção do Poder Judiciário, seja na primazia indiscutível dada à luta eleitoral – e, nela, muitas vezes, às disputas internas entre agremiações da esquerda. A improvável restauração da ordem instituída pela carta constitucional de 1988 e uma repactuação social nos moldes do lulismo parecem formar o horizonte de boa parte das lideranças e partidos. Ao mesmo tempo, a urgência da defesa das liberdades democráticas, ameaçadas pela ampliação do arbítrio do aparelho repressivo do Estado e pelo avanço de uma forma de macartismo que veta discursos públicos em defesa dos grupos subalternos, leva à tentação de deixar em segundo plano a agenda do combate à desigualdade material e dos direitos da classe trabalhadora, isto é, à acomodação com um projeto neoliberal, mas até certo ponto "progressista", que foi exatamente o que faliu nos países centrais, como apontou a cientista política Nancy Fraser.

O luto pela democracia liberal desfeita tem impedido uma análise mais aprofundada das fragilidades intrínsecas ao arranjo que vigorou no Brasil até 2016, que permitiram que ele fosse descartado com tamanha facilidade quando foi conveniente. Torna-se urgente, então, produzir um diagnóstico que, propiciando uma compreensão mais fina da natureza do processo que enfrentamos, permita a elaboração de estratégias de resistência mais eficientes.

Espero que este livro seja uma contribuição neste sentido. Uma contribuição feita a partir de uma posição que é inútil tentar esconder: sou um dos derrotados de 2016 e de 2018. Como tantos intelectuais e ativistas de movimentos populares, fui simultaneamente eleitor e crítico dos governos petistas. Eleitor, por uma avaliação realista das opções partidárias disponíveis, sobretudo nas eleições majoritárias, e também por apreciar os avanços que políticas de Lula e de Dilma significaram no combate aos padrões aberrantes de privação material e de exclusão social que imperavam no Brasil. Crítico, por ver acomodação demais com os interesses dominantes, desinteresse por uma mobilização popular mais ativa, despreocupação com pautas cruciais como a ambiental ou a indígena e um fôlego utópico muito curto, que não questionava o modelo de desenvolvimento ou a lógica do capital e circunscrevia a transformação social à incorporação de novos contingentes ao mercado de consumo.

As limitações do Partido dos Trabalhadores no poder, porém, indicavam também um forte senso de realidade diante do estreito espaço que havia para promover algum tipo de mudança no Brasil e da enorme urgência de responder às premências dos mais pobres. É mais fácil reclamar da acomodação com as elites, da conciliação de classes e da moderação do que traçar um caminho alternativo, mais radical, que seja sustentável. Se, com toda a moderação, garantindo ganhos históricos para a burguesia, o petismo foi destituído do governo, o que teria ocorrido com uma política que se colocasse de forma menos ambígua à esquerda? O balanço dos anos petistas é parte importante deste livro, mas desde já adianto uma conclusão: o PT caiu (não só, mas também) por seus erros, mas foi derrubado por seus acertos. Entender esta questão com clareza, resistindo às alternativas opostas, mas ambas fáceis, da acomodação no realismo míope ou do mergulho no utopismo sem pé no chão, é um desafio crucial.

O primeiro capítulo discute a natureza da democracia brasileira nascida no final da ditadura e da ordem social balizada pela Carta de 1988. "Democracia" é uma palavra disputada e, por isso, se faz necessário entender qual o sentido que prevalece no nosso ordenamento político, bem como aqueles que são mobilizados por diferentes atores e interesses. Ao mesmo tempo, é importante lembrar o caráter algo paradoxal da Constituição, fruto de acordos múltiplos e sobrepostos, com um resultado insatisfatório tanto para progressistas quanto para conservadores. Ela foi escrita ainda no embalo das batalhas contra o regime militar, nas quais a bandeira da justiça social desempenhou papel significativo – mas num momento em que, pelo mundo afora, o modelo socialista vivia sua crise terminal e se via a maré montante do neoliberalismo. A conjuntura internacional de refluxo dos direitos sociais condenou a Constituição a permanecer, por longo tempo, como o momento mais elevado do projeto democrático e igualitário no Brasil, isto é, na condição de um texto a ser defendido contra a reação conservadora e não, como de início sonhava a esquerda, de ponto de partida para avanços maiores.

A trajetória do Partido dos Trabalhadores é o tema do segundo capítulo. Coube ao PT ser não apenas o principal veículo para a esperança na transformação do Brasil e o polo da esquerda brasileira. Ele se tornou também o ponto fixo que balizava a organização de um sistema partidário extremamente gelatinoso. Nascido com uma proposta renovadora e sob o signo de uma aposta radical na democracia, o PT sofreu pressões cada vez maiores para sua adequação ao jogo político convencional à medida em que passou a ocupar posições mais centrais no campo. Na leitura que faço aqui, é ocioso acusar os líderes petistas de "capitulação". Houve o entendimento de que os limites à ação política popular são muito estreitos, que uma vitória na luta por expandi-los radicalmente não estava ao alcance da mão e que o caminho seria produzir mudanças prudentes, menos ambiciosas, que não despertassem reação destruidora dos grupos dominantes mas introduzissem melhorias sensíveis na vida dos mais pobres. O fato de que essa aposta terminou por se mostrar equivocada não significa que os dois veredictos anteriores estivessem errados.

Para que a derrubada do governo petista se viabilizasse, foi necessário reconstruir o discurso da direita, com uma virulência inédita na história recente do Brasil, o que é o assunto do terceiro capítulo. Foi rompido o consenso discursivo que se formara desde o final da ditadura militar e que a Constituição de 1988 consagrara, em torno da democracia eleitoral e da justiça social, que fazia com que a linguagem dos direitos balizasse as disputas políticas. Emergiu uma direita muito estridente, que recusa qualquer projeto de solidariedade social e reivindica a desigualdade como corolário da "meritocracia". Criou-se, assim, um ambiente discursivo que permitiu que as classes médias, desconfortáveis com a ascensão dos mais pobres, radicalizassem sua oposição ao governo e abraçassem um extremismo com claros ecos fascistas.

O emparedamento do PT e o renascimento da direita virulenta não seriam compreensíveis sem a ação dos meios de comunicação de massa. Eles são centrais ao jogo político, pela capacidade que têm de produzir as representações do mundo social que balizam o comportamento de todos os outros agentes. O quarto capítulo analisa o peso que a concentração da mídia teve na fragilidade da democracia brasileira – e o papel que as novas tecnologias, fundadas na internet, passaram a desempenhar. O poder dos meios tem, como primeira consequência, travar a discussão sobre a necessidade da democratização da comunicação; e a irrupção das redes como espaços importantes do debate político contribuíram tanto para fazer regredir o debate quanto para tornar mais difícil encontrar uma solução. Os governos petistas não enfrentaram o problema e pagaram um preço elevado.

O quinto capítulo, acompanhando mais de perto o processo de derrubada da presidente Dilma Rousseff e o paralelo trabalho de criminalização da esquerda política, aponta os limites da aposta nas "instituições fortes" que, saídas da Constituição de 1988, garantiriam a democracia. A institucionalidade não pode ser compreendida sem remeter a seu conteúdo substantivo – aos interesses sociais e à correlação de forças que ela expressa. Num momento de crise aguda, as instituições não agem como se pairassem acima dos conflitos; ao contrário, intervêm nele, por vezes de forma decisiva. Essa lição, que já está na *Crítica da filosofia do direito de Hegel*, do velho Marx, precisa ser reaprendida.

Por fim, na conclusão, investigo a natureza do novo regime que se estabelece no Brasil. A resistência aos retrocessos, que é urgente e inadiável, precisa ser combinada com uma reflexão aprofundada sobre a experiência petista e, a partir dela, sobre os caminhos para uma política emancipatória. Não creio que se possa descartar liminarmente a experiência do PT, "fracassada" porque derrotada após 13 anos de exercício do poder; tampouco é possível ver no golpe e no triunfo de Bolsonaro um evento fortuito que nada deve às debilidades da estratégia petista. Aprender com ela, que, queiramos ou não, levou ao mais impactante ensaio de transformação social da nossa história, é fundamental para que, num futuro que espero próximo, possamos reunir forças para retomar o projeto de um país mais justo e libertário.

* * *

O texto deste livro reelabora, reorganiza, aprofunda e, por vezes, contradiz muitas intervenções que fiz no debate sobre a crise brasileira, nos últimos anos, em artigos acadêmicos, capítulos de coletâneas, congressos científicos, reuniões militantes, entrevistas, *blogs* de internet e redes sociais. Agradeço a todas e todos que debateram comigo nestes diferentes fóruns e, assim, ajudaram a aprimorar minha reflexão, descartando ingenuidades e incorporando novas facetas da realidade. Faço uma menção especial à turma da disciplina "O golpe de 2016 e o futuro da democracia no Brasil", que ministrei no curso de graduação em Ciência Política da Universidade de Brasília (UnB) no primeiro semestre de 2018. E também a Regina Dalcastagnè, que leu os originais deste livro e ajudou a torná-lo mais claro e mais preciso.

Do material previamente publicado que aproveitei aqui, destaco, em particular, os seguintes textos: "Da 'doutrinação marxista' à 'ideologia de gênero': o 'Escola Sem Partido' e as leis da mordaça no parlamento brasileiro" (*Direito e Práxis*, n.15, São Paulo, 2016, p.590-621); "A democracia na encruzilhada", em Ivana Jinkings, Kim Doria e Murilo Cleto (orgs.), *Por que gritamos golpe? Para entender o impeachment e a crise* (São Paulo: Boitempo, 2016); "Caminhos e descaminhos da experiência democrática no Brasil" (*Sinais Sociais*, n.33, São Paulo, 2017, p.99-129); "Democracia fraturada: o golpe, os limites do arranjo concorrencial e a perplexidade da ciência política", em Luis

Felipe Miguel e Flávia Biroli (orgs.), *Encruzilhadas da democracia* (Porto Alegre: Zouk, 2017); "A cidadania sitiada", em Gilberto Maringoni e Juliano Medeiros (orgs.), *Cinco mil dias: o Brasil na era do lulismo* (São Paulo: Boitempo, 2017); "Brasil: ¿post-democracia o neo-dictadura?" (*RIHALC – Revista de la Red Intercátedras de Historia de América Latina Contemporánea*, n.8, Córdoba, 2018, p.77-90); "O pensamento e a imaginação no banco dos réus: ameaças à liberdade de expressão em contexto de golpe e guerras culturais" (*Políticas Culturais em Revista*, v.11, n.1, 2018, p.37--59); "A democracia à beira do abismo", prefácio ao livro de Luiz Inácio Lula da Silva, *A verdade vencerá: o povo sabe por que me condenam* (São Paulo: Boitempo, 2018); "A reemergência da direita brasileira", em Esther Solano Gallego (org.), *O ódio como política: a reinvenção das direitas no Brasil* (São Paulo: Boitempo, 2018); "A ponta de lança da luta de classes", em Rubens R. R. Casara (org.), *Em tempos de pós-democracia* (Florianópolis: Tirant Lo Blanch, 2018); "A produção do golpe no Brasil", em Maria Victória Espiñeira Gonzalez e Danilo Uzêda da Cruz (orgs.), *Democracia na América Latina: democratização, tensões e aprendizados* (Buenos Aires: Clacso, 2018); "Jornalismo, polarização política e a querela das *fake news*" (*Estudos em Jornalismo e Mídia*, v.15, 2019, em fase de publicação); "Democracy and the left in contemporary Brazil" e, com Vladimir Puzone, "Brazilian Left face the rise of neofascism", ambos em Vladmir Puzone e Luis Felipe Miguel (eds.), *The Brazilian Left in the 21st Century:*

Conflict and Conciliation in Peripheral Capitalism (New York: Palgrave-Macmillan, 2019); "Há solução sem uma revolução?", em Rosana Pinheiro-Machado e Adriano de Freixo (orgs.), *Brasil em transe: avanço conservador e desdemocratização* (Rio de Janeiro: Oficina Raquel, 2019); e "Os cursos sobre o golpe: um testemunho pessoal", em Ana Carolina Galvão Marsiglia, Junia Claudia Santana de Mattos Zaidan e Wilberth Salgueiro (orgs.), *Foi golpe! O Brasil de 2016 em análise* (Campinas: Pontes, 2019).

A fim de desatravancar a leitura, reduzi ao mínimo as indicações bibliográficas no próprio texto. Ao final do livro, uma seção de referências aponta as leituras principais que sustentam cada capítulo.

1

A TRANSIÇÃO POLÍTICA E A DEMOCRACIA NO BRASIL

O PROCESSO POLÍTICO INICIADO COM A CRISE DO REGIME MILITAR, em meados dos anos 1970, que passa pela devolução do poder a um civil (em 1985), pela promulgação de uma nova Constituição (em 1988) e pelo retorno das eleições diretas para a presidência da República (em 1989), é em geral chamado de "transição democrática". A expressão é criticada por pressupor que a transição tem um ponto de chegada predefinido (a "democracia") e, mais, que essa democracia tem um sentido unívoco. No entanto, a transição foi, como qualquer processo político, um processo com desfecho em aberto, permitindo uma multiplicidade de arranjos possíveis. E a democracia é um conceito em disputa – diferentes atores evocam o valor da democracia com diferentes sentidos e intenções. Ainda que se considere que a democracia era o destino inevitável da transição, permanece a questão: a qual democracia chegaríamos?

A partir da vitória dos aliados na Segunda Guerra Mundial, a democracia tornou-se um valor aceito de maneira quase universal e um rótulo perseguido por praticamente todos os grupos políticos. "Democrata" era (e continua sendo) o rótulo que cada um aplicava a si mesmo e negava aos adversários. Se os Estados Unidos se colocavam na posição de guardiões do "mundo livre" e promotores da democracia por todo o globo, sua adversária na Guerra Fria, a União Soviética, afirmava encarnar um tipo mais autêntico de governo democrático e batizava os regimes do Leste Europeu com o nome de "democracias populares". No Brasil, os militares que derrubaram o governo João Goulart, em 1964, disseram que o objetivo era defender a democracia. O quarto presidente do ciclo militar, general Ernesto Geisel, classificou o país, no momento de maior fechamento político de seu governo, de "democracia relativa".

A disputa sobre o sentido da democracia ocorre porque há uma disjunção patente entre seu sentido etimológico e seu referencial histórico, que continuam ativos no imaginário político contemporâneo, e os modelos institucionais que afirmam realizá-la. A democracia é o "governo do povo", mas em nenhum dos regimes que se proclamam democráticos o povo de fato governa. Seriam *democracias representativas* – e a expressão se tornou tão familiar que tendemos a ignorar a contradição entre o substantivo e o adjetivo. A democracia representativa é o governo do povo em que o povo não governa, uma vez que delega o exercício do poder a alguns poucos.

A delegação do poder por intermédio da representação política é considerada inevitável por uma série de motivos, que vão das dimensões dos Estados nacionais e do tamanho das populações à necessidade de especialização funcional ou de redução do nível de conflito. Este último ponto é crucial. As democracias diretas da antiguidade contavam com uma cidadania limitada, uma vez que escravos de ambos os sexos, mulheres de todas as classes e filhas e filhos de estrangeiros não tinham acesso a ela. Com isso, boa parte dos eixos de conflito social eram apagados do corpo de cidadãos, muito mais homogêneo que a população em geral. Já nos regimes contemporâneos que normalmente consideramos democráticos, o acesso à cidadania política foi sendo estendido a diferentes grupos, conforme ganhavam capacidade de pressão para reivindicá-la com sucesso: trabalhadores, mulheres, minorias raciais. O nível potencial de conflito é muito maior – e a concentração das decisões num conjunto restrito de pessoas, colocado num espaço à parte da sociedade para barganhar entre si, ajuda a contê-lo.

Nada disso revoga o fato de que a representação, por mais inevitável que possa ser, é um rebaixamento do ideal democrático original. Ela introduz, também, um conjunto de ruídos entre o que seria a "vontade popular" e a formulação das políticas de Estado que, na democracia, deveria refletir esta vontade. Por um lado, a maior parte da população fica condenada à passividade política, sendo chamada a se expressar apenas episodicamente, no momento das eleições. Com isso, o incentivo à qualificação política é diminuto; a maioria das pessoas tem um conhecimento apenas superficial das questões em jogo e das alternativas disponíveis. A partir sobretudo da obra do economista austríaco Joseph Schumpeter, a vertente hegemônica da teoria democrática sustenta que essa situação é incontornável e, portanto, a influência popular sobre as decisões políticas é sempre incompetente e desinformada e deve ser minimizada.

Os outros ruídos que a representação gera para a expressão da vontade popular estão na ponta oposta. Os representantes tendem a se distanciar do conjunto dos representados, por uma série de fatores cumulativos. Indivíduos em posições sociais privilegiadas tendem a receber maior destaque, isto é, visibilidade, um fator importante para o sucesso eleitoral. Também costumam concentrar os recursos materiais (como dinheiro e tempo livre) e simbólicos necessários à carreira política. Por isso, o corpo de representantes em geral é muito mais rico, mais instruído, mais masculino e mais branco do que a média da população. Mesmo na ausência destas características prévias, o simples fato de serem representantes gera uma distinção significativa. Um trabalhador, por exemplo, que é eleito deputado deixa de ser trabalhador ao tomar posse – é lançado em outro universo social, adquire outras condições de vida. Essa circunstância, que favorece a barganha que reduz o nível do conflito, como dito antes, também tende a tornar os representantes menos responsivos a suas bases.

O remédio institucional oferecido para este distanciamento é o próprio processo eleitoral. Uma vez que os representantes saberiam que seriam julgados nas urnas por seus constituintes, eles se esforçariam para satisfazer suas preferências. Mas o funcionamento da *accountability* eleitoral é comprometido pela desqualificação política do eleitorado e pelo fluxo imperfeito de informações. Além disso, há o fato de que a representação é multifuncional e o voto, muito pouco expressivo. O representante decide, em nome dos cidadãos, sobre *todos* os assuntos da agenda pública: política econômica, política ambiental, política externa, política educacional etc. O cidadão deveria balizar todos esses aspectos para decidir se quer a continuidade ou não daquele representante. Mesmo que conseguisse fazê-lo, seu voto nada diria sobre em quais áreas ele julga que o representante foi bem e em quais ele julga que foi mal. Em resumo, o voto exige uma competência política que está na contramão da passividade a que a representação condena os eleitores comuns e, mesmo quando bem usado, é um instrumento insuficiente para o controle dos tomadores de decisões.

A isso se acrescem os dilemas próprios da combinação entre a democracia política e a economia capitalista. Enquanto o ideal democrático indica que a preferência de cada cidadão deve valer tanto quanto a preferência de qualquer outro, no mercado capitalista a influência de cada um é desigual, dependendo dos recursos que ele controla. Como disse o cientista político polonês Adam Przeworski, "só por mágica os dois mecanismos podem levar ao mesmo resultado" (Przeworski, 1995, p.70). Mas o Estado capitalista depende, para seu financiamento, das decisões dos investidores privados, que controlam o crescimento da economia e, portanto, a arrecadação de tributos. Por isso, os interesses da burguesia precisam ser levados em conta pelos tomadores de decisão, mesmo quando estes interesses não foram capazes de encontrar expressão pelos arranjos democrático-representativos.

Fica clara a tensão que se abre: enquanto a democracia é baseada na promessa da igualdade política, a representação é um vetor de reprodução de desigualdades. O casamento de conveniência com o capitalismo impõe ainda mais limites aos arranjos democráticos. A questão é *conter* as demandas por igualdade, apostando numa democracia autolimitada, ou *aprofundá-las*, forçando os limites da ordem social desigual e usando o potencial igualitário do modelo democrático para transformá-la.

São múltiplas desigualdades que incidem sobre o campo político e que as regras de igualdade formal (acesso universal à franquia eleitoral, peso idêntico dos votos) não conseguem anular. Os mais ricos não apenas têm mais condições de disputar as posições de mando como têm múltiplos canais de acesso a quem exerce o poder, por meio de instrumentos como o financiamento de campanhas, a influência sobre a opinião pública pela colonização dos meios de comunicação, o *lobby* e mesmo a corrupção, que não é um desvio, mas um elemento permanente no funcionamento do sistema. A divisão de classe incide não apenas na repartição da riqueza, mas também na dependência estrutural do Estado em relação ao investimento privado, já referida. Ao mesmo tempo, os trabalhadores recebem, nas empresas, um treinamento para a submissão a ordens emanadas de uma estrutura hierárquica impermeável a suas vozes, que é o oposto do necessário para a participação política democrática.

Outro eixo importante de desigualdades está vinculado a gênero. A presença política das mulheres é limitada pela construção histórica do campo político como espaço dos homens e da liderança como atributo masculino. É limitada também pela divisão sexual do trabalho, que as condena ao insulamento na esfera doméstica, portanto longe dos espaços em que a ação política se produz, ou à sobrecarga da dupla jornada de trabalho, retirando delas o recurso primário para a participação, que é o tempo livre. Outras clivagens poderiam ser acrescentadas, como a racial, que tende a acompanhar a desigualdade econômica, mas agrega a ela a efetividade própria da discriminação e das expectativas sociais estereotipadas. As opressões cruzadas amplificam os efeitos das desigualdades e, assim, determinados grupos – como as trabalhadoras negras pobres, por exemplo – encontram particular dificuldade de acesso à arena política.

A relação entre a democracia e as desigualdades se apresenta, assim, como a questão central, a ser equacionada pelos regimes democráticos contemporâneos, que a fórmula liberal, de distribuir direitos a todos e deixar as assimetrias em suspenso, do lado de fora da esfera pública, não consegue resolver. Na experiência brasileira, a questão se coloca com particular agudeza. A partir de carta constitucional de 1988, o Brasil produziu um regime formalmente muito inclusivo, mas que convive com padrões de exclusão social que estão entre os mais aberrantes do mundo.

O nó não resolvido da convivência com a desigualdade assombrou também o experimento democrático anterior na história brasileira, aquele que foi do fim do Estado Novo, em 1945, ao golpe civil-militar de 1964. A despeito de limitações relevantes, como a fraca inclusão eleitoral (dada a proibição ao alistamento de analfabetos) e o cerceamento da competição política (com a cassação do registro do Partido Comunista, em 1947), o figurino da democracia liberal esteve, em linhas gerais, bem estabelecido ao longo do período. Mas as instituições nunca funcionaram sem sobressaltos. O país vivia de tentativas de golpe, contragolpes e "golpes preventivos", com os militares intervindo constantemente, quer a favor, quer contra a Constituição. Dois presidentes eleitos correram o sério risco de não serem empossados (Getúlio Vargas, em 1950, e Juscelino Kubitschek, em 1955); um se suicidou como única maneira de debelar uma crise política devastadora (Getúlio Vargas, em 1954). Após a renúncia de Jânio Quadros, em 1961, a oposição da maior parte da cúpula das Forças Armadas à posse do seu sucessor constitucional, o vice-presidente João Goulart, levou ao verdadeiro golpe branco que foi a adoção do parlamentarismo. Em suma: o golpe de 1964 foi uma tragédia anunciada.

O pano de fundo das turbulências sempre foi a relação entre as instituições políticas democráticas e a desigualdade – turbinada, na época, pelo contexto internacional da Guerra Fria e o decorrente fantasma da "ameaça comunista". Afinal, como há décadas já observou Claus Offe, os regimes democráticos concorrenciais vivem uma tensão potencial entre a dependência do investimento capitalista, que faz com que os governantes precisem introjetar os interesses da burguesia, independentemente de suas predileções políticas, e a necessidade de garantir apoio majoritário do eleitorado, que os empurra para medidas redistributivas. No Brasil de 1945-1964, isso se reflete no crescimento constante e significativo do Partido Trabalhista Brasileiro (PTB), com plataforma reformista, e na incapacidade renitente da direita para emplacar seus candidatos presidenciais. A permanente agitação dos quartéis e dos meios empresariais revelava a necessidade de que os limites da democracia fossem lembrados permanentemente.

Limites muito estreitos, diga-se de passagem. No Brasil, não se construiu nada que sequer lembrasse o Estado de bem-estar social (que foi, na Europa, a solução de compromisso encontrada para garantir a convivência entre a acumulação capitalista e a legitimidade do sistema político). Os eixos principais do conflito estavam na vigência da legislação trabalhista, na garantia de um poder de compra mínimo para os salários e na reforma agrária. Este é um aspecto constante, que ajuda a explicar também a crise política atual: a tolerância dos grupos dirigentes brasileiros à igualdade é muito reduzida. Medidas tímidas para a redução das distâncias sociais já são consideradas inaceitáveis e levam a reações de desestabilização da ordem política. Nestas condições, só prospera sem tensões uma democracia profundamente autolimitada, que refreie qualquer impulso para o combate à desigualdade.

O golpe de 1964 e a longa ditadura que ele inaugurou são efeitos da compreensão de que estava cada vez mais difícil manter o regime democrático "nos trilhos". As Forças Armadas assumiram o poder com a missão de sufocar as demandas por igualdade, lidas como manifestações da interferência comunista. A doutrina estadunidense de segurança nacional, que orientou o pensamento militar sul-americano no período, ganhou feições próprias no Brasil. A tradição do pensamento autoritário da Primeira República e a doutrina geopolítica elaborada na Escola Superior de Guerra (ESG) levaram a um viés desenvolvimentista que esteve ausente de outras ditaduras latino-americanas do período. O lema "segurança e desenvolvimento" combinava o combate anticomunista ao "inimigo interno" com o sonho do Brasil potência. Isso fez com que os anos da ditadura fossem anos de urbanização e industrialização aceleradas e de grandes obras de infraestrutura, sobretudo nos transportes e nas telecomunicações. O regime de 1964 legou ao país uma paisagem social profundamente modificada.

É importante observar que a ditadura manteve em funcionamento um simulacro de instituições representativas, com partidos, eleições e parlamento. Os militares decidiam quem podia e quem não podia concorrer, as regras mudavam de acordo com suas conveniências, mandatos eram cassados, o poder do Congresso era muito limitado e, quando necessário, ele podia ser fechado. Mas, ainda assim, o longo período autoritário permitiu o surgimento de uma nova elite política civil. Uma elite formada sob o entendimento de que é normal que a competição política seja tutelada pelos donos do poder – uma característica que talvez ajude a explicar a rápida adaptação ao cenário posterior ao golpe de 2016, mesmo por muitos de seus opositores.

Tais transformações fizeram que não houvesse qualquer possibilidade de retomar, na redemocratização, o jogo político interrompido pelo golpe de 1964. Era um novo jogo. Os dilemas não resolvidos, no entanto, permaneceram em grande medida os mesmos.

Um acréscimo à complexidade da situação derivava do fato de que a ditadura militar brasileira não entrou em colapso (como ocorreu, por exemplo, na Argentina). Ao contrário, foi capaz de negociar a transição com enormes recursos políticos. Do início da "distensão" política até a devolução da Presidência da República a um civil, passaram-se mais de dez anos, o que mostra como o ritmo da retirada do poder foi controlado pelos militares.

As motivações para a abertura política foram múltiplas. O exercício direto do poder ampliava as tensões internas nas Forças Armadas. Ainda que o que restava do oficialato progressista tenha sido varrido nas primeiras ondas de expurgos, logo após o golpe, havia divisões programáticas ("moderados" e "linha dura", "entreguistas" e "nacionalistas") que se misturaram à competição pelo controle do Estado e às disputas pessoais entre os chefes de maior prestígio. No âmbito internacional, os Estados Unidos passaram a julgar que os regimes de segurança nacional da América Latina já tinham cumprido seu papel e a pressionar por mais respeito aos direitos humanos, o que se tornou a bandeira da política externa do governo Jimmy Carter (1977-1981).

Mas o impulso determinante veio da ampliação dos custos da dominação no país. Com o fim do chamado "milagre econômico", as classes médias deixaram de auferir vantagens materiais e se moveram paulatinamente para a oposição. A classe trabalhadora, que jamais obtivera vantagem alguma e cujas organizações haviam sido fraturadas pela repressão política, voltou a se mobilizar. A surpreendente vitória do partido da oposição consentida, o Movimento Democrático Brasileiro (MDB), nas eleições de 1974 e as grandes greves operárias no ABCD paulista em 1978 evidenciaram a perda de sustentação da ditadura e a ampliação da capacidade de resistência popular. Em suma: a abertura política e a redemocratização não foram concessões dos militares no poder. Eles negociaram em condições vantajosas porque permaneciam controlando muitos recursos, mas foram forçados a negociar porque a pressão social se ampliou.

A pressão pelo fim da ditadura combinou um eixo especificamente político (em defesa da anistia, contra a tortura, pelo retorno das liberdades civis, por eleições diretas) e outro econômico e social, vinculado às lutas contra o rebaixamento do poder de compra dos salários ("arrocho salarial") e sua contraface, o aumento do custo de vida ("carestia"). O discurso da oposição vinculava o caráter autoritário do regime à política econômica concentradora de renda; defesa da democracia e combate à desigualdade caminhavam juntos. Após o retorno dos civis ao poder, porém, as bandeiras de caráter igualitário foram desinfladas. A transição democrática foi ressignificada como sendo a construção de uma determinada institucionalidade política, sem qualquer incidência sobre as desigualdades sociais. De maneira talvez inconsciente, as elites políticas brasileiras seguiam o conselho do cientista político conservador Giovanni Sartori: o ideal democrático deve ser maximizado quando é "de oposição", mas moderado depois que a democracia foi conquistada, para não comprometer sua estabilidade.

Por esse *script*, ainda que a desigualdade permaneça, a transição foi um sucesso, já que edificou uma ordem política que, ao menos na letra da lei, nada fica a dever para as democracias liberais consolidadas do Norte. Caso seja analisado do ponto de vista das duas dimensões da democratização apontadas por Robert Dahl, o Brasil estaria desenvolvendo uma das poliarquias mais avançadas do planeta. A competição política é ampla, com praticamente todos os interesses sociais sendo capazes de ingressar na disputa, dada a enorme facilidade para o registro de partidos políticos.

A inclusão também é ampla. Com a suspensão do veto ao voto dos analfabetos (graças à Emenda Constitucional n.25, de 15/5/85) e a abertura do alistamento, de forma facultativa, aos jovens de 16 e 17 anos de idade (na Constituição de 1988), a franquia eleitoral ficou próxima do limite historicamente possível. Com esta expressão ("historicamente possível"), indico que as exceções – as crianças e jovens de menos de 16 anos, os residentes que não dispõem de nacionalidade brasileira, os incapazes civis (incluídos tanto os mentalmente insanos quanto os povos indígenas não integrados), os conscritos e quem está cumprindo pena privativa de liberdade, além dos cidadãos que foram condenados expressamente à suspensão de seus direitos políticos – são em geral consideradas "naturais" e não há, com ligeira exceção apenas do caso dos conscritos, nenhuma movimentação expressiva no sentido de revogá-las.

A combinação entre separação de poderes e federalismo consignada no texto constitucional é decalcada do presidencialismo estadunidense, com algumas modificações pontuais – como a eleição direta do presidente da República. Na letra da lei, há um sistema bastante elaborado de controles mútuos entre os poderes, aquilo que a literatura da ciência política chama de *checks and balances*. Ao mesmo tempo, a Constituição abrigou a possibilidade de ampliação da participação social no Estado. Em especial, nos artigos 198, 204 e 206, abriu caminho para a formação de conselhos de políticas públicas pelo país afora. Somados a experiências que nasciam em paralelo, na efervescência de inovação institucional gerada pelo fim da ditadura, como os orçamentos participativos, eles fizeram do Brasil um exemplo de possível oxigenação das práticas democráticas, sempre citado nos estudos internacionais.

As liberdades cidadãs foram garantidas na lei, com a abolição plena da censura estatal (o último episódio rumoroso foi o da proibição do filme *Je vous salue, Marie*, do cineasta francês Jean-Luc Godard, por pressão da Igreja Católica, ainda em 1985) e amplo reconhecimento dos direitos de associação e manifestação. Numa das inovações mais aplaudidas, ampliaram-se os poderes do Ministério Público, consagrado à defesa de direitos coletivos e difusos.

O equacionamento da questão militar, que assombrara a experiência democrática anterior, parecia mais complexo, devido aos recursos de poder controlados pelas forças armadas. Com a morte inesperada do civil escolhido para conduzir a redemocratização, Tancredo Neves, e a posse de um sucessor sem legitimidade ou força política, a posição dos militares se fortaleceu ainda mais. O ministro do Exército, general Leônidas Pires Gonçalves, foi o homem forte da gestão José Sarney. As Forças Armadas mantiveram muitas de suas prerrogativas; havia nada menos do que seis pastas militares no primeiro escalão do governo.

Na Assembleia Nacional Constituinte, os militares defenderam sua agenda, tanto por meios comuns a outros grupos de interesse, como a realização de *lobby* junto aos parlamentares, quanto por meio de declarações ameaçadoras e demonstrações de força. Era central, nesta agenda, a manutenção da capacidade de intervenção política. As Forças Armadas certamente dispunham dos meios para mantê-la, a tal ponto que mesmo observadores respeitáveis julgavam que seria necessário definir, na própria Constituição, os limites da tutela militar, em vez do "mero voluntarismo de proibi-los [os militares] de agir politicamente que deriva da velha ficção legal em que aparecem como guardiães neutros e profissionais da legalidade e da soberania nacional" (Reis, 1988, p.35).

A redação do artigo 142 gerou tensões. Os militares não abriam mão do dever de garantir "a lei e a ordem" – mas "ordem", no momento em que é colocada como entidade à parte da lei e, portanto, sem remeter simplesmente à ordem legal, é um conceito abstrato que permite interpretações variadas. Isso ampliaria o arbítrio dos militares. Uma autoridade legalmente constituída, agindo dentro da lei, pode se opor a uma determinada concepção da "ordem"; aliás, foi exatamente esse o discurso justificador das inúmeras intervenções ao longo do experimento democrático de 1945 a 1964.

Como solução de compromisso, o texto constitucional determinou que as Forças Armadas "destinam-se à defesa da Pátria, à garantia dos poderes constitucionais e, por iniciativa de qualquer destes, da lei e da ordem". Com isso, ao menos na lei, os militares perdiam iniciativa política. Porém, como podiam ser acionados por *qualquer* dos poderes constitucionais, estariam na condição de juízes de conflitos entre eles. A ausência de uma especificação clara de como esse chamamento às Forças Armadas ocorreria fez que se temesse também que qualquer autoridade de escalão inferior tivesse esta prerrogativa.

Os cinco anos de governo Sarney, portanto, indicavam o sério risco de o Brasil se encaminhar para um regime democrático concorrencial sob forte tutela militar, com a Constituição permitindo uma leitura algo ambígua sobre seu papel. Mas o nó se desfez de maneira quase fortuita. Sarney foi sucedido por Fernando Collor de Melo, um político conservador, mas com um histórico de desavenças com as Forças Armadas – em episódio significativo, Collor chamou o general Ivan de Souza Mendes, ministro-chefe do Serviço Nacional de Informações (SNI), de "generaleco", atitude temerária para qualquer político naquele momento. Sua presidência foi marcada pelo desprestígio das pastas militares; o próprio SNI foi transformado numa secretaria sob comando de um civil. Em 1999, o presidente Fernando Henrique Cardoso completou o serviço, fundindo as pastas ministeriais destinadas a cada uma das três armas em um único Ministério da Defesa, sob chefia civil, o que era uma das principais medidas apontadas como necessárias para fortalecer o controle do poder civil sobre os militares.

Mais importante ainda foi a concomitante queda da União Soviética e fim da Guerra Fria. Com isso, perdeu-se a pedra angular do discurso de legitimação da intervenção política das forças armadas. A "ameaça comunista" e o "inimigo interno" ainda podiam ser invocados, mas com credibilidade cada vez mais pífia. Assim, contra todas as expectativas, após a Assembleia

Nacional Constituinte as tensões do poder civil com os militares pareciam localizadas (sobretudo na questão da memória da ditadura e da eventual punição dos responsáveis por seus crimes) e sem constituir ameaça à estabilidade política. Na deflagração do golpe de 2016, a participação da cúpula militar foi discreta, o que confirmaria o veredito. Apenas depois do golpe consumado é que foi explicitado o veto das Forças Armadas, em particular do Exército, ao retorno da esquerda ao governo, mostrando que sua neutralidade política é um mito.

Inclusão política ampla, competição política quase irrestrita, *checks and balances* entre os poderes, liberdades civis consignadas em lei, inovações democráticas participativas e a ameaça de intervenção militar debelada – o que mais o Brasil poderia querer? No entanto, o sistema político brasileiro viveu de crise em crise, o que pode ser explicado por uma peculiar fragilidade das instituições representativas.

Parte do problema é comum aos outros regimes representativos e, como já visto, procede da tensão nunca solucionada entre a igualdade democrática e as desigualdades que se fazem sentir no processo político. A partir do final do século XX, a crescente consciência desse problema levou a uma crise de confiança nas democracias representativas, que permanece sem resolução, quadro que é reconhecido por intelectuais de todos os matizes.

No Brasil, o quadro é agravado pelo fato de que grande parte da lógica do sistema político é apoiada em um agente – o partido político – que sempre foi débil no país e, após a última redemocratização, mostrou-se debilíssimo. O sistema partidário do período 1945-1964 revelava uma tendência à consolidação em torno do trio PSD-UDN-PTB. No período, nas eleições para a Câmara dos Deputados, as três grandes legendas reunidas sempre obtiveram 80% ou mais das cadeiras. Já nas eleições ocorridas durante a Nova República, excluída a de 1986 (em que o efeito do Plano Cruzado provocou uma ampliação extraordinária da votação do PMDB), as bancadas dos três maiores partidos, fossem quais fossem, nunca ultrapassaram 56% das cadeiras. A tendência da série histórica é declinante, descendo para meros 28% em 2018. Os partidos são fracos tanto porque despertam pouca lealdade do eleitorado quanto porque possuem baixa coesão interna.

A "solução" que o sistema político brasileiro encontrou para resolver o problema, de acordo com a visão predominante na ciência política, foi o chamado "presidencialismo de coalizão", conceito formulado pioneiramente por Sérgio Abranches. Diante da fragmentação das bancadas no Congresso, o presidente da República monta uma base de apoio majoritária distribuindo nacos do aparelho de Estado aos parlamentares. Em troca, comanda a agenda legislativa e é capaz de garantir a aprovação das matérias de seu interesse. O efeito colateral é a redução ainda maior do vínculo representativo, com as ações de governo dependendo de uma permanente barganha autointeressada entre os detentores de mandato, com pouca ou nenhuma referência aos compromissos que teriam sido assumidos com os eleitores (Avriztzer, 2016, cap.1).

Durante parte do período, havia um ponto fora da curva – o Partido dos Trabalhadores. O PT apresentava um claro compromisso com os movimentos sociais e os trabalhadores e uma postura de intransigência quanto a seus princípios que separavam com nitidez um "nós" e um "eles" dentro do campo político. À medida que se tornou central às disputas políticas, contribuiu para demarcar espaços diferenciados nos quais os outros partidos se alojavam. Ele ocupou, assim, a posição de "espinha dorsal" do sistema partidário brasileiro. Não se trata, convém frisar, de algum arranjo próximo à clivagem classista entre partidos, de acordo com o modelo vigente em muitos países europeus ao longo do século XX. O discurso do PT logo privilegiou um elemento ético, vinculado à moralidade na gestão pública, que se sobrepunha às questões de classe e era capaz de aglutinar um conjunto socialmente heterogêneo de simpatias.

Com o progressivo triunfo do "pragmatismo" do PT, que o levou à adaptação às práticas políticas correntes no Brasil, a distinção que contribuía para balizar o sistema de partidos se esvaneceu. Neste processo, porém, corroeu-se o que restava de esperança de que o sistema partidário brasileiro fosse capaz de expressar minimamente os interesses sociais em conflito. A sabedoria convencional diz que a transformação do PT de partido antissistêmico em partido da ordem favoreceria a estabilidade política. Talvez não tenha sido esse o efeito líquido – até mesmo porque talvez o PT original não fosse, de fato, antissistêmico. O cientista político italiano Marco Damiani diferencia a extrema-esquerda antissistêmica, a esquerda radical "anti-*establishment*" e a esquerda moderada reformista. Neste modelo, a maioria do PT original talvez se enquadrasse na categoria "anti-*establishment*" e o partido representaria a demonstração de que o sentimento contrário ao *establishment* podia ser expresso dentro do sistema político em vigor. Sua conversão em partido da ordem, sem um substituto para a posição que ocupava, reduziu a estabilidade do sistema, ao revelá-lo como mais impermeável a interesses populares (esta discussão será aprofundada no capítulo 2).

Neste contexto, a carta constitucional de 1988 ganha um caráter algo paradoxal. Ela foi o fruto de um intenso processo de mobilização e negociação, em que os diferentes grupos sociais pressionaram para que a Constituição abrigasse seus interesses: sindicalistas, feministas, ambientalistas, movimento negro e povos indígenas, mas também grandes empresas, conglomerados de mídia, latifundiários, grileiros, igrejas e Forças Armadas. O resultado foi uma série de soluções de compromisso que refletiam a correlação de forças do momento. Mais até do que soluções de compromisso, o texto constitucional abrigou um bom número de ambiguidades e de medidas cuja efetiva implantação foi postergada, à espera de uma "legislação complementar" que muitas vezes ainda não veio, décadas depois.

A Constituição elencou um grande número de direitos sociais e pareceu, em linhas gerais, assumir o espírito de uma ordem capitalista, sem dúvida, porém inclusiva. O resultado frustrou posições mais à esquerda – e a pequena bancada do Partido dos Trabalhadores, em gesto simbólico, votou contra o texto final da nova carta. Vista retrospectivamente, porém, ela pode ser considerada bastante avançada. Muito mais avançada, certamente, do que a média dos parlamentares que a redigiram.

Esse resultado nasce de uma conjunção de fatores. Por um lado, o discurso público da elite política brasileira tende a ser mais progressista do que sua prática. Uma codificação das plataformas dos partidos brasileiros entre 1979 e 2005 revelou que mesmo a legenda de sustentação da ditadura (o PDS) privilegiava sentidos associados a posições de esquerda. Na verdade, com exceção do PFL em 1995 (mas não em 2005), todas as plataformas partidárias se situavam à esquerda do centro político (Tarouco; Madeira, 2013). Ao que parece, diante de padrões de exclusão e de miséria tão aberrantes, é improvável que se afirme um discurso público contrário à justiça social (o rompimento parcial deste padrão, nos últimos anos, será discutido no capítulo 3.) A afirmação de direitos abstratos na letra da Constituição, sem medidas que garantissem sua aplicação efetiva, seria uma maneira pouco custosa de garantir a manutenção do discurso público, sem de fato ameaçar os privilégios.

Claro que não é tão simples assim. A presença dos direitos consignados na Constituição é um recurso que os movimentos sociais usam para pressionar por sua efetivação. A inclusão do direito à moradia na carta constitucional, por exemplo, não gera por si só uma política de reforma urbana. Mas cria um novo pano de fundo para a disputa sobre as cidades e amplia os custos da repressão estatal às mobilizações por habitação. Em suma, o beneplácito da Constituição gera um quadro de valores em que os discursos que negam legitimidade às demandas vindas de baixo encontram maior dificuldade para se afirmar. Certamente Ulysses Guimarães adotou uma generalização generosa quando, no memorável pronunciamento que fez ao proclamar a nova Constituição, afirmou que os constituintes a haviam escrito com "ódio e nojo à ditadura". Mas, com todas as suas limitações e ambiguidades, o texto constitucional serviu, nas décadas seguintes, para justificar as demandas por mais democracia e justiça.

O outro fator que contribuiu para dar à Carta de 1988 a feição que ela adquiriu foi a própria transição política. A derrota da ditadura foi construída em nome das instituições democráticas e do combate à desigualdade. A Assembleia Nacional Constituinte precisou responder a este espírito.

Ao mesmo tempo, porém, os ventos internacionais mudavam. A redemocratização brasileira coincidiu com o apogeu do neoliberalismo. Em 1989, caiu o muro de Berlim; em 1991, a União Soviética foi dissolvida. Ainda que grande parte da esquerda não se guiasse pelo modelo soviético, nem considerasse que ele encarnasse um socialismo genuíno, a vitória dos Estados Unidos na Guerra Fria foi apresentada como a comprovação das virtudes do mercado e da necessidade de reduzir o papel do Estado. Enquanto circulavam fantasias de "fim da história", com o mundo congelado no capitalismo liberal por toda a eternidade, a crença na ineficácia estatal e nas vantagens da competição desregulada ganhava estatuto de dogma.

Não foram só os partidos comunistas que mudaram de nome e de programa ou ficaram na defensiva, pelo mundo afora: quase toda a esquerda foi atingida e caminhou, cada um na sua medida, para acomodações com a posição adversária. Pensadores marxistas quebravam cabeça para produzir modelos de "socialismo de mercado". Sociais-democratas lideravam a redução do Estado de bem-estar com a justificativa de que era necessário ampliar a competitividade econômica. Enquanto isso, a direita parecia disposta a aplicar seu programa máximo, revertendo políticas de combate à desigualdade e retirando direitos sociais.

No Brasil, é o momento da eleição de Fernando Collor de Melo. Herdeiro das formas mais arcaicas da prática política no Brasil, apresentou-se como arauto da modernidade, com um discurso que não era – evidentemente – capaz de abraçar sem rodeios o valor da desigualdade, mas que indicava a intervenção estatal e o excesso de proteção social como obstáculos ao desenvolvimento do país, o que era combinado a um anticomunismo virulento. A vitória eleitoral de

Collor, que contou com o apoio unânime e diligente da burguesia e dos meios de comunicação de massa, marcou uma primeira virada à direita no debate político brasileiro.

O fato é que, logo após a promulgação da Constituição, os projetos da esquerda, em suas múltiplas vertentes, entraram em refluxo. O texto de 1988 nunca funcionou como o patamar mínimo, consolidado, a partir do qual se projetariam novas conquistas. Esteve sob cerco desde o início, com as iniciativas mais importantes de mudança apontando para a redução, não para a ampliação, de seu potencial para promover uma maior justiça social. O Brasil não aproveitou sequer a liberalização em eixos que não tocavam diretamente nas relações de produção ou na presença do Estado, como direitos das mulheres ou de gays, lésbicas e travestis, uma vez que o período foi marcado também pela influência crescente de grupos fundamentalistas religiosos na vida política. O texto que os constituintes do PT desdenharam em 1988, como excessivamente conservador, logo passou algo a ser defendido contra a ameaça palpável do retrocesso. Mesmo com o partido no poder, essa situação não mudou. Mas o PT que chegou à presidência nas eleições de 2002 era muito diferente do partido de quinze anos antes.

2

O PT
E
O LULISMO

O PARTIDO DOS TRABALHADORES REPRESENTOU UMA EXPERIÊNCIA

inovadora para a esquerda não só do Brasil, mas do planeta. Nascido de um conjunto heterogêneo de elementos, com destaque para o sindicalismo combativo que emergiu em São Paulo no final dos anos 1970, o catolicismo progressista vinculado à Teologia da Libertação e veteranos da esquerda comunista interessados na renovação das práticas revolucionárias, o partido unia diferentes visões da transformação social, mas tendo como eixos o compromisso forte com a ideia de uma democracia mais inclusiva e aberta à participação popular (aí incluída a democracia interna ao partido) e a visão de que a organização partidária deveria estar a serviço dos movimentos sociais.

O PT nasceu com um projeto inacabado, em aberto, contraditório. Apontava para um horizonte de transformação profunda da sociedade, incluindo algum tipo indefinido de socialismo, alguma forma nova de fazer política e também a revalorização da experiência das classes trabalhadoras. A busca de relações radicalmente democráticas, de uma política efetivamente popular, fazia parte da "alma do Sion", como André Singer definiu o espírito original do partido, fazendo referência à sua fundação no Colégio Sion, em São Paulo, em 1980.

Para pessoas treinadas nas tradições organizativas da esquerda, o PT original possuía uma perigosa indefinição programática, além de ser vítima de um basismo e de um purismo paralisantes. De fato, o partido surgiu num momento em que essas tradições estavam em xeque. Os equívocos do PT foram fruto de sua vontade de não repetir o trajeto dos partidos leninistas ou da social-democracia, que, cada um a seu modo, tenderam a se fossilizar em estruturas hierárquicas e burocráticas. Tratou-se de uma experiência inovadora, inspiradora para a parte da esquerda que tentava se renovar em muitos lugares do mundo.

O impulso para formar um partido brasileiro de trabalhadores nasceu da insatisfação com a legenda da oposição oficial à ditadura militar. A partir sobretudo de meados da década de 1970, o MDB havia conseguido passar de mero legitimador do regime autoritário, prestando-se à farsa da disputa eleitoral pelo poder, a instrumento de efetiva vocalização das demandas por redemocratização. Para isso, pagou o preço das repetidas cassações dos mandatos de suas lideranças e das várias reformas casuístas da legislação eleitoral – que culminaram no fechamento temporário do Congresso e no pacote de abril de 1977 – com o objetivo de minimizar o impacto do apoio crescente que a legenda vinha ganhando entre os votantes. Com a derrota da luta armada, todas as principais organizações da esquerda optaram por privilegiar o caminho político para vencer o autoritarismo, estratégia que passava pelo fortalecimento do MDB. Obrigados à clandestinidade, o Partido Comunista Brasileiro (PCB), o Partido Comunista do Brasil (PCdoB) e grupos menores encontravam abrigo dentro do MDB, que se tornava, na prática, a pretendida frente ampla contra a ditadura.

Era uma estratégia que, mais uma vez, concedia a liderança do processo à burguesia e minimizava a presença autônoma das classes trabalhadoras no debate político. Quando o regime militar decidiu restaurar o pluripartidarismo, em 1979, com o objetivo mal disfarçado de dividir a oposição, o PT surgiu com perfil diferenciado. Era oposição à ditadura, mas fazia questão de marcar sua distância também em relação aos outros partidos da oposição. Já no nome assumia o pretendido perfil classista. Seu batismo nas urnas, em 1982, foi um fracasso. Com uma campanha que privilegiava o compromisso de classe, emblematizada no slogan "trabalhador vota em trabalhador", elegeu apenas oito deputados federais, o que se explica em alguma medida pelas regras eleitorais, mas muito pela debilidade de sua própria inserção social.[1] O fraco desempenho fortaleceu a compreensão de que o PT não podia ser um "partido eleitoral". Mais importante do que disputar votos era o trabalho cotidiano nas fábricas, nas escolas e nas vizinhanças.

Ainda que tenha se unido a outras forças da oposição na campanha por eleições diretas para presidente, o PT se recusou a apoiar a solução surgida para permitir o retorno do poder civil. Não hesitou em expulsar três de seus únicos oito deputados por terem violado a decisão partidária e votado em Tancredo Neves no Colégio Eleitoral. Quando Lula chegou, de forma algo surpreendente, ao segundo turno das eleições presidenciais de 1989, o partido teve dificuldade para aceitar o apoio de candidatos derrotados, com posição de centro ou centro-esquerda, que não queriam a vitória de Fernando Collor. A intransigência ética e a recusa a flexibilizar princípios em nome do jogo político eram as marcas do petismo.

Como foi possível que, no espaço de pouco mais de duas décadas, esse partido irritantemente purista e mesmo sectário tenha chegado ao poder adotando um pragmatismo desenfreado? O que é necessário aqui não é um veredito condenatório, como muitas vezes é feito. Não se trata de uma falha moral de seus líderes, de falta de fibra ou do canto de sereia da "conciliação de classes". Os incentivos à acomodação, que o campo político apresenta a todos os que nele ingressam, cumpriram seu papel, com tanto mais força quanto mais o PT se aproximava das posições centrais do poder.[2]

A inovação representada pelo PT, com a democracia interna e o chamamento ao debate com as bases, gerava custos crescentes conforme o partido crescia. Na famosa lei de ferro das oligarquias, no início do século XX, Robert Michels afirmou que "quem fala organização, fala oligarquização". Deixando de lado seu determinismo retrógrado, é possível dar crédito ao pensador alemão nos dois eixos centrais de sua reflexão: as camadas dirigentes tendem a desenvolver interesses próprios, diferenciados daqueles da massa de militantes, uma vez que, queiram ou não, passam a integrar a elite política; e a eficiência organizativa trabalha contra a democracia interna. De fato, é fácil "discutir com as bases" quando se é um ator político pouco relevante. Depois, fica cada vez mais claro que o *timing* da negociação política prevê a concentração das decisões nas mãos dos líderes.

Como costuma ocorrer em organizações políticas inovadoras, o crescimento levou a tensões crescentes entre percepções mais "realistas", que julgavam necessário um esforço de adaptação ao mundo da política tal como ele é, e outras mais principistas. Também é mais fácil adotar um programa intransigente quando não há nenhuma expectativa de vitória eleitoral. Quando a recompensa por algumas concessões é a obtenção da maioria, o cálculo muda. Da mesma maneira, o custo de marcar posição nos mandatos parlamentares, em vez de negociar e alcançar acordos, é nulo se a bancada é tão pequena que sua possibilidade de barganha é irrisória. Quando esse quadro muda, talvez seja mais atraente usar o peso político que foi conquistado para obter algum ganho, em lugar de bater pé em favor de um programa inflexível que não será alcançado.

Os incentivos para a acomodação interferem nas disputas internas ao partido. Aqueles que se adaptam ganham espaços de interlocução e são festejados por seu "amadurecimento". Os renitentes são relegados ao ostracismo e folclorizados por suas posições irrealistas. No caso do PT, a disputa foi construída, pelos meios de comunicação, como divisão entre uma ala "*light*" e outra "xiita". As posições desta última eram consideradas irrelevantes para o debate público e noticiadas em geral de forma zombeteira, como parte de um anedotário – o outro registro era o da ameaça. A menor visibilidade pública, isto é, na mídia, limitava as chances eleitorais da esquerda petista, o baixo rendimento eleitoral minava suas posições na estrutura do partido, a menor quantidade de cargos eletivos e partidários controlados por ela justificava a ausência na mídia.

Os dilemas que afetaram o PT não são desconhecidos de outras organizações voltadas para uma transformação radical do mundo. O que talvez surpreenda é a evolução tão rápida do principismo quase absoluto para a *realpolitik* desembestada. Com um complicador, próprio do caso brasileiro: não se trata apenas de moderar o programa, ampliar o arco de alianças ou fazer acenos para grupos sociais que, em princípio, seriam adversários. Para ingressar na "política como se faz no Brasil", é necessário também ultrapassar limites éticos no relacionamento entre as empresas privadas, os fundos do Estado e os funcionários públicos.

No caso do PT, a flexibilização ética – que vai do financiamento privado e do loteamento da máquina administrativa entre aliados ao caixa dois, ao favorecimento a empresas para alimentar o caixa do partido e à corrupção como forma de garantir apoio político – cobrou um preço alto devido também ao discurso público do partido, que se deslocou da intransigência política para o purismo moral. Na verdade, a aproximação do discurso petista ao registro udenista, tão presente no Brasil, já denunciava sua vulnerabilidade aos incentivos dados pelo sistema político. A luta contra a corrupção e a denúncia dos privilégios de agentes do Estado (as "mordomias" no final da ditadura, os "marajás" do marketing de Fernando Collor) elidem os principais eixos do conflito social e permitem atingir um público despolitizado. Como regra, a relação entre a corrupção e o funcionamento da economia capitalista é deixada de lado, em prol de um enquadramento voltado para a punição dos culpados. Em vez de se discutir a dominação e a exploração, nos diferentes eixos em que ocorrem, discute-se uma falha moral. A disputa política, em que projetos de sociedade se enfrentam, é substituída pelo combate entre o bem e o mal, de uma maneira que não permite ambivalências: afinal, quem pode ser a favor do desvio de dinheiro público?

Foi tentador para o partido se apresentar como o porta-voz da moralidade pública, discurso que concorreu com (e por vezes ofuscou) a afirmação de seu compromisso classista. É um discurso mais fácil, que enfrenta menor resistência e desperta simpatia imediata; não por acaso, foi depois incorporado por algumas organizações à esquerda do PT, que disputavam com a direita não o enquadramento da realidade, mas o direito de portar com legitimidade a bandeira do combate à corrupção. A tentação perene do udenismo para as organizações progressistas é um dos efeitos colaterais do enraizamento da corrupção nas práticas políticas brasileiras.

Uma vez no poder, porém, a coerência com esse discurso exigiria enfrentar todo o sistema político, a fim de moralizar seu funcionamento, tendo como consequência provável a paralisação prolongada da máquina administrativa – e a derrota. Sem base popular mobilizada e sem o apoio de grupos poderosos no aparato repressivo do Estado e na mídia, o confronto de um governo petista com os padrões corruptos da política brasileira provavelmente levaria à sua derrubada. Ao mesmo tempo, porém, sua adesão imoderada às práticas que antes denunciava com vigor fatalmente geraria um enorme desgaste.

As transformações do PT, portanto, foram respostas aos incentivos que o sistema político oferece para a adequação aos discursos e comportamentos dominantes. Por isso, um ponto de inflexão crucial na trajetória do partido foi o resultado do primeiro turno das eleições de 1989. Graças à divisão do eleitorado, numa eleição que contou com 22 candidatos, bastaram 17% dos votos válidos para que Lula passasse à etapa final da disputa, ao lado de Fernando Collor. O meio ponto percentual que o separou de Brizola permitiu que, a partir daí, o PT se tornasse a grande referência da esquerda brasileira. Com 47% dos votos válidos no segundo turno, Lula esteve com a presidência ao alcance da mão. Parecia claro que um bom aproveitamento do clima político, aliado a um marketing eleitoral competente, proporcionaria um acesso mais rápido ao poder do que o trabalho de mobilização no qual o partido apostava desde sua fundação. O fato de que o partido hesitou em aceitar, no segundo turno, o apoio de políticos conservadores, mas democratas, é em geral apontado como uma demonstração de seu caráter *naïf* e de seu despreparo para a política real. O trabalho de acomodação ainda não havia surtido efeitos. Mas o PT posterior aprendeu tão bem a lição que, para ele, ninguém, de Maluf a Collor, de Sarney a Jader Barbalho, de Kátia Abreu a Michel Temer, estava fora do raio de uma possível aliança.

Entre a hesitação inicial de 1989 e a política de alianças indiscriminada adotada a partir de 2002 houve uma evolução paulatina, eleição após eleição. O partido expandiu seu arco de coligações, incluindo não apenas legendas moderadas, mas também com claro viés à direita. Nas eleições de 1989, 1994 e 1998, Lula concorreu tendo na chapa, como candidatos à vice-presidência, políticos com claro compromisso popular. Em 2002, foi acompanhado por um grande empresário, José Alencar, filiado ao Partido Liberal. Atribuiu-se a ideia da chapa ao marqueteiro Duda Mendonça; ela reuniria "dois meninos pobres que subiram na vida", um pela política, outro pelos negócios. A ideia do subir na vida como projeto pessoal já marcava uma transformação no discurso petista, com a igualdade de oportunidades aparecendo como valor central, no lugar da igualdade substantiva antes privilegiada.

Quando Lula deu um ultimato a seus companheiros de partido, dizendo que não entraria numa quarta campanha presidencial para perder, verbalizou o pragmatismo e a opção absoluta pelo caminho eleitoral que já haviam conquistado o PT. Desde antes, havia sido abandonada a ideia de que a campanha eleitoral era um momento de educação política: era o momento de ganhar votos e nada mais. Quando Duda Mendonça assumiu a publicidade petista, já estava claro que não se devia mais disputar a agenda, nem os enquadramentos ou valores dominantes. Para ganhar a eleição, seria mais fácil mudar o discurso e a imagem do candidato para se encaixar nas expectativas vigentes. Surgiu o Lulinha paz e amor, que não foi só uma persona do marketing eleitoral, mas a indicação da visão de que seria possível fazer política transcendendo os conflitos.

Lula e o PT tinham trazido para o cenário político brasileira uma "palavra imperfeita", como disse Haquira Osakabe. Imperfeita não apenas porque transportava para a arena política, de forma inédita no Brasil, a prosódia e a sintaxe próprias das classes populares. Imperfeita sobretudo porque não se prendia às fórmulas acabadas, aos modelos prontos das esquerdas tradicionais e, muito menos, das elites estabelecidas. O discurso se alimentava da experiência vivida dos trabalhadores e dos embates cotidianos dos movimentos sociais. Na eleição de 2002, a palavra já estava aperfeiçoada, pronta para disputar – e ganhar – o jogo político tal como ele sempre foi jogado.

Essa posição pode ser apontada como capitulação ou mesmo traição. Quero crer, no entanto, que talvez seja possível uma leitura algo mais generosa. O principismo absoluto também pode ser muito confortável, já que, graças a ele, todos os caminhos levam a becos sem saída. Fazer concessões, adaptar o discurso e moderar o programa podem ser maneiras de conseguir alcançar algum tipo de progresso, em circunstâncias nas quais a transformação radical teima em não se viabilizar, mas as urgências dos mais pobres e excluídos são gritantes. Lula quis entrar na disputa para ganhar também porque uma quarta derrota, por mais heroica e limpa que fosse, significaria permanecer sem os meios para promover mudanças, ainda que limitadas. O príncipe maquiaveliano está pronto a sacrificar sua alma imortal pela grandeza do Estado; o PT sacrificou sua pureza pela transformação efetiva possível. Em suma: há nobreza nesse oportunismo.

O "lulismo", que se forma então, seria uma maneira de postergar a resolução dos conflitos sociais e, enquanto isso, assegurar algumas melhorias para os mais pobres sem ameaçar os privilegiados. Na leitura de André Singer, que se tornou o intérprete mais sofisticado da estratégia do PT no poder, aquilo que, à primeira vista, parecia ser mera capitulação se torna peça de um projeto, muito moderado, é verdade, mas orientado decididamente na direção da mudança do país. A tese principal de Singer é que o "reformismo fraco" do lulismo não foi o abandono, mas sim a "diluição" do "reformismo forte" do petismo de antes. O reformismo diluído lulista evitava a todo custo o confronto com a burguesia, optando por políticas que, na aparência, não afetavam quaisquer interesses estabelecidos. Tal opção teria sido, por um lado, fruto da chantagem que os proprietários fizeram nas campanhas presidenciais do PT, desde a ameaça aberta de desinvestimento em 1989 até a elevação exagerada do câmbio em 2002. Lula aprendeu que não deve mexer com o capital. Por outro lado, a diluição do reformismo reflete a compreensão de que o maior contingente do eleitorado brasileiro, o "subproletariado", deseja um Estado ativo no combate à pobreza, mas que não ponha em risco a manutenção da "ordem".

A interpretação de Singer ajuda a compreender o fenômeno e, em particular, as motivações do núcleo dirigente do PT. Mas sua narrativa faz que as classes sociais não se caracterizem por quaisquer antagonismos – que é o que permitia a mágica do lulismo, de dar aos pobres sem tirar dos ricos. Como se fosse o avesso da percepção de E. P. Thompson, de que as classes sociais se formam como efeito das lutas que ocorrem no interior da sociedade, na leitura de Singer sobre o lulismo a classe surge pela identificação que algum outro agente político faz dos desejos e necessidades de um aglomerado de pessoas. Essa visão explica por que Singer problematizou tão pouco o apego à "ordem" por parte do subproletariado. A ojeriza à desordem, que significa na verdade qualquer política de enfrentamento do capital, explica porque o subproletariado foi historicamente a base eleitoral da direita, porque ele se converteu ao lulismo ao longo do primeiro mandato de Lula e porque tentativas de mobilizá-lo de outra forma, como a buscada pelo Movimento dos Trabalhadores Rurais Sem Terra (MST), só obtiveram êxito parcial. Mas permanece, ela mesma, inexplicada.

Seja como for, foi a sensibilidade de Lula para o programa dessa camada (um Estado atuando em favor dos mais pobres, sem confrontar a ordem) que permitiu o realinhamento eleitoral de 2006, quando o presidente trocou parte do eleitorado petista tradicional, baseado nas classes médias urbanas mais escolarizadas e nos trabalhadores sindicalizados, pela massa de subproletários. Assim, a moderação política do PT no poder viria tanto das pressões dos poderosos quanto do ajuste fino à sensibilidade conservadora de suas bases eleitorais.

A deriva conciliatória do PT foi facilitada pela ausência de opções factíveis à esquerda do espectro político. Nem as pequenas legendas doutrinárias, de inspiração trotskista, que já haviam se desgarrado antes da conquista da presidência, nem as dissidências posteriores conseguiram se firmar como alternativas sólidas ao petismo – Marina Silva teve desempenho eleitoral digno de nota, em 2010 e 2014, mas sem a pretensão de ocupar o espaço da esquerda. Para eleitores, militantes, sindicalistas, ativistas de movimentos sociais, intelectuais, em suma, para as pessoas comprometidas com uma visão à esquerda, a alternativa padrão continuou sendo o apoio ao PT, ainda que com críticas e frustrações.

Para o êxito do projeto lulista, era fundamental dar garantias da "seriedade" de suas intenções conciliatórias. Por isso, o PT trabalhou na direção do esvaziamento do movimento sindical em particular e dos movimentos sociais em geral, com políticas de cooptação de suas lideranças, engessamento de suas agendas e sufocamento de suas demandas. Conforme o célebre conselho de François Andrieux a Napoleão, *"on ne s'appuie que sur ce qui résiste"*: só nos apoiamos sobre o que resiste. Ao dobrar a resistência dos movimentos sociais no Brasil, o PT enfraqueceu sua própria base de apoio, como ficou patente na crise que derrubou a presidente Dilma Rousseff e na resposta à perseguição judicial e prisão política do ex-presidente Lula. Mas não se trata de um efeito colateral ou inesperado. O enfraquecimento dos movimentos sociais que alimentaram a experiência do PT em sua fase heroica representou a garantia dada ao capital de que a inflexão moderada, pragmática ou conservadora, expressa em documentos como a *Carta aos brasileiros* da campanha em 2002, não seria letra morta. Minando a possibilidade de ação efetiva dos setores que sustentariam um projeto de transformação mais radical, garantiu-se a credibilidade das promessas feitas de manutenção das linhas gerais do modelo de acumulação em vigor.

Também deste ponto de vista o lulismo representa uma versão abastardada do pacto social-democrata. Em lugar do Estado de bem-estar social, uma tímida viabilização do acesso ao mercado de bens de consumo, graças à redução da pobreza e do aumento do poder de compra dos salários, em particular do salário mínimo. Os programas de garantia de renda foram o carro-chefe da política social do governo e o diferencial que marcou as gestões petistas, com os serviços públicos permanecendo num distante segundo plano.

Além de indicar o desinteresse pela construção de uma lógica social alternativa ao capitalismo e a rendição ao modelo de desenvolvimento vigente, essa política não desafiava a transferência do fundo público para investidores privados.

E em vez da incorporação negociada das classes trabalhadoras ao pacto, como fez a social-democracia clássica, para a qual o poder de pressão das organizações sindicais era uma parte central da equação, optou-se pela desmobilização, que retirava capacidade de reação dos trabalhadores e apaziguava o capital. Por fim, os padrões buscados de redução da desigualdade e de segurança existencial para os mais vulneráveis foram bastante modestos. O PT no governo entendeu que os limites para a transformação social no Brasil eram bem estreitos, dada a baixa tolerância de nossos grupos dirigentes a qualquer desafio às hierarquias e privilégios seculares, e optou por trabalhar dentro deles. O cálculo geral parecia ser: conquistar pouco, mas com segurança, em vez de sonhar com muito e nada conseguir.

Fica claro que a receita inclui, desde o princípio, a limitação da própria democracia. No avesso da proposta democratizante que marcou sua origem, o PT no poder precisava garantir que os velhos caciques políticos não se sentiriam ameaçados, para conferirem o suporte necessário à administração federal – a "governabilidade". O termo, que entrou no vocabulário corrente a partir da ciência política conservadora, designa a ideia de que impulsos democratizantes precisam ser refreados para não comprometer a reprodução da dominação social.[3] Se as democracias permitem a livre expressão das demandas e concedem poder de pressão aos grupos subalternos, estão sob risco de se tornar "ingovernáveis". A governabilidade exige a submissão à correlação de forças real e, em nome dela, a democracia precisa controlar seus impulsos igualitários. O discurso realista da governabilidade leva ao paradoxo de uma democracia que deve negar a si mesma.

Uma parte da "governabilidade" é a obtenção do apoio parlamentar, que no Brasil do "presidencialismo de coalizão" passa pela concessão de nacos da máquina estatal aos diferentes partidos – e, na verdade, a blocos de deputados e senadores dentro de cada partido (ver capítulo 1). Recém-chegado no jogo e enfrentando a desconfiança gerada por seu passado na esquerda considerada "radical", o PT se viu constrangido a pagar um sobrepreço pelos apoios de que precisava. Ao aceitar o *modus operandi* da política brasileira, baseado no aparelhamento do Estado para fins privados e na corrupção, o partido se tornou vulnerável.

O chamado "escândalo do mensalão", desencadeado na metade do primeiro mandato de Lula, fez que o PT passasse definitivamente para a posição de vidraça, no que se refere às denúncias de corrupção. A origem foi uma entrevista com o deputado Roberto Jefferson (PTB-SP), ele próprio às voltas com sérias acusações de improbidade, na qual afirmava que o governo comprava apoio de parlamentares com uma mesada em dinheiro, cuja origem eram desvios em empresas estatais. Não importa que práticas assemelhadas tenham ocorrido em governos anteriores e que escândalos de grandeza pelo menos similar, como a compra de votos para a emenda da reeleição de Fernando Henrique Cardoso, tenham gerado apenas incômodos passageiros para seus responsáveis, em comparação ao terremoto gerado pelo mensalão. O fato é que o PT se dispôs a aceitar também esta parte do jogo. Um relato interessante foi apresentado pelo deputado Miro Teixeira, anos depois, em outra entrevista ao jornal *Folha de S.Paulo*. Segundo ele, que integrou o primeiro ministério de Lula, no início foi discutido se a sustentação parlamentar do governo seria obtida por meio de negociação programática ou então, como ele disse eufemisticamente, "por orçamentos". Venceu a segunda opção.

É difícil recusar a conclusão de que a corrupção provavelmente foi mais efetiva do que seria discutir projetos com o Congresso. Mas a compra de apoio abriu um flanco fácil para a mobilização dos setores conservadores, que singularizaram PT e esquerda como únicos culpados pelos problemas éticos da política brasileira. Ao mesmo tempo, seja por inexperiência, seja pela permanência de um compromisso moral, os governos petistas não foram capazes de sustar as investigações, como faziam seus antecessores; ao contrário, reforçaram os aparatos de controle do Estado. Com a ascensão de um grupo altamente adestrado e ideologizado de promotores e juízes, em parceria deliberada com a grande mídia, estava montado o cenário para a criminalização do petismo (e da esquerda).

É justo reconhecer que os governos petistas buscaram criar outros mecanismos para a verbalização de interesses e perspectivas populares junto ao Estado, culminando no Sistema Nacional de Participação Social (SNPS), instituído por Dilma Rousseff em 2014. Os efeitos dos espaços de participação outorgados pelo Estado são debatidos, com alguns julgando que são o caminho para uma radical democratização do poder e outros vendo neles apenas um mecanismo de legitimação, produção de consensos e cooptação de lideranças populares.[4] A segunda apreciação provavelmente está mais correta: a compreensão de participação que estrutura tais espaços deflaciona os valores associados à ideia original de democracia participativa e reduz, em grande medida, suas virtudes igualitárias e democratizantes. Os conselhos e conferências estavam em posição subalterna diante da política "de gente grande", que continuava sendo a negociação entre o Executivo e o Legislativo (e as pressões diretas do capital). Fazendo um símile talvez um pouco ousado, é como se fosse uma adaptação da estratégia leninista do duplo poder, com a peculiaridade de que, nessa adaptação, o novo poder abria mão de qualquer expectativa de desafiar o poder anterior.

Ainda assim, eram espaços em que o PT e seus aliados possuíam mais força e podiam apresentar discursos mais próximos de suas convicções originais. Na medida em que ganhavam visibilidade e promoviam algum tipo de mobilização de base, serviam como instrumento de pressão sobre os aparatos de poder formal do Estado. Não por acaso, o decreto presidencial criando o SNPS, ainda que apenas com caráter consultivo, foi acusado de corromper a democracia representativa e teve sua aplicação sustada por decisão da Câmara dos Deputados. E Jair Bolsonaro, ao chegar à Presidência, desmontou todos os conselhos com uma única canetada.

O reconhecimento dos limites das políticas dos governos petistas, com excesso de realismo e baixa voltagem utópica, não deve levar a considerá-las irrelevantes. A crítica de esquerda que bate na tecla da "traição" representada pela conciliação de classes parece operar num universo mental em que a escolha entre revolução e reformismo tímido depende apenas da vontade da liderança política. Mas não depende, é claro. A opção é entre a promessa muito incerta de uma revolução que, quem sabe, ocorrerá num futuro distante e a possibilidade mais tangível de mudanças que podem ser insuficientes e localizadas, mas são reais. Não é uma escolha fácil: o desfecho do experimento petista mostra que este segundo caminho também não está livre de armadilhas. Mas o discurso de condenação liminar e automática das políticas de conciliação é autocomplacente e costuma revelar a posição de quem, relativamente protegido na ordem desigual que temos, é incapaz de compreender as premências daqueles que são mais vulneráveis. O pragmatismo do PT revelava sensibilidade a estas necessidades urgentes e buscava dar respostas possíveis a elas, entendendo que não podia esperar pelas respostas ideais.

Criticado à direita por seu paternalismo ("em vez de dar o peixe, devia ensinar a pescar"), à esquerda por seu caráter meramente compensatório, o Programa Bolsa Família representou, para dezenas de milhões de pessoas, a diferença entre permanecer ou não em situação de inanição. O Luz para Todos associa-se a uma matriz energética danosa, do ponto de vista ambiental, mas poucos de seus opositores estariam dispostos a trocar de lugar com os camponeses e ribeirinhos até então condenados a viver sem acesso à força elétrica. O Minha Casa Minha Vida, que não enfrentou o problema da reforma urbana e beneficiou em primeiro lugar os capitalistas da construção civil, melhorou a qualidade de vida e minorou a insegurança existencial de milhões de famílias. A expansão do ensino superior público conviveu com generosas subvenções às instituições privadas, mas as políticas afirmativas levaram a uma inclusão inegável dos negros e dos mais pobres.

Foram implementadas políticas de combate à desigualdade racial, de valorização da produção cultural das periferias e de promoção da equidade de gênero. Ainda que insatisfatórias do ponto de vista do passivo histórico a ser enfrentado e das demandas dos movimentos sociais, representaram progressos que não podem ser negados. Os governos do PT conviveram com um momento de ascenso das lutas de muitos grupos subalternos por visibilidade, igualdade e inclusão. Se, por um lado, processos de cooptação e a sempre reforçada necessidade de preservar o governo contribuíram para desradicalizar os movimentos, por outro, setores do Poder Executivo foram parceiros destas lutas e políticas como cotas nas universidades ou financiamento de produção audiovisual periférica contemplaram parte de suas bandeiras.

O registro é mais complicado, porém, no que se refere ao movimento sindical. Dele saíram a maior parte dos integrantes do núcleo central dos governos Lula e quase a metade dos ocupantes de cargos de confiança (D'Araujo, 2009). A presença dos "companheiros" no poder moderou a pressão operária; a interlocução com o Estado passou a ser caminho privilegiado para a satisfação de demandas e a preocupação de não desestabilizar o governo também cobrou seu preço. Embora, ao final do ciclo petista, tenha sido registrado um aumento expressivo na atividade grevista, ele ocorreu em grande medida à margem das organizações da classe trabalhadora. Ainda mais relevante é o fato de que os governos do PT ampliaram significativamente a presença, que já vinha de antes, de dirigentes sindicais na gestão dos fundos de pensão – que, por sua vez, ocupam posição crucial nos processos contemporâneos de acumulação. A ambiguidade desta posição, em que os representantes dos trabalhadores são objetivamente parceiros da acumulação capitalista e, em particular, do rentismo, teve sua relevância política identificada com grande contundência já nos primórdios da experiência de poder petista, por Francisco de Oliveira.

Ao final dela, inspirado na contribuição de Oliveira, Wolfgang Leo Maar sintetizava: a administração dos fundos públicos por representantes da classe trabalhadora leva à "privatização dos interesses de classe" (Maar, 2016, p.234).

Por toda essa complexidade, o lulismo não pode ser simplesmente descartado como uma forma de traição. Ele foi a aposta de que um projeto civilizador bem moderado, que garantisse um patamar mínimo de condições de vida a todos e permitisse uma pequena aproximação ao ideal liberal de igualdade de oportunidades, seria tolerado pelos setores dominantes que, em troca, ganhariam o apaziguamento do conflito social. O fato de que a aposta foi perdida não autoriza dizer que o caminho alternativo teria obtido sucesso. Em suma, o lulismo é melhor entendido como uma demonstração da complexidade dos dilemas envolvidos no projeto de efetiva transformação do mundo.

Ao mesmo tempo, os governos do PT foram marcados por contradições internas e por diversas iniciativas pontuais para ultrapassar os limites do pacto conservador e promover algumas mudanças mais aprofundadas. Um exemplo está nas políticas para a promoção da igualdade de gênero. O governo Lula criou a Secretaria de Políticas para as Mulheres (SPM), com *status* de ministério, que contava com orçamento e equipe limitados, mas agia na relação com outros órgãos, no sentido de "transversalizar" a preocupação com a igualdade entre mulheres e homens na elaboração e na aplicação dos programas governamentais. Não cabe aqui discutir em detalhe os sucessos e insucessos da SPM nos diversos eixos da agenda feminista (o endurecimento do combate à violência contra a mulher e a extensão dos direitos trabalhistas às empregadas domésticas foram avanços indiscutíveis), mas vale a pena deter o olhar sobre a questão dos direitos reprodutivos.

A legalização do aborto é um tabu na política brasileira. Embora se trate de uma questão central tanto no que se refere à autonomia decisórias das mulheres quanto como problema de saúde pública, o debate é emperrado pela predominância do enquadramento religioso, que equivale o embrião a um ser humano e submete os direitos das mulheres ao imperativo de preservá-lo. O combate ao direito ao aborto é prioridade para a hierarquia católica e para grande parte das igrejas evangélicas; já muitos movimentos de mulheres consideram, em grande medida, que se trata de uma batalha perdida a curto ou médio prazos. O Brasil mantém a legislação da década de 1940, que permite a interrupção da gravidez apenas quando ela foi decorrente de estupro ou a vida da mãe corre risco. Avanços recentes, em particular a extensão do direito de abortar em caso de inviabilidade do feto, nasceram do ativismo legislativo do Judiciário; no Congresso, predominam iniciativas retrógradas, com o intuito de reduzir as hipóteses de aborto legal ou ampliar a vigilância sobre as gestantes.

O programa do PT apoia a legalização do aborto, o que é explorado por seus adversários – seria uma forma de inserir uma cunha, pelo enquadramento moral desta agenda de direitos, na identificação do eleitorado pobre, mas conservador, com os governos petistas e suas políticas compensatórias (ver capítulo 3). Na eleição de 2010, em particular, a candidata Dilma Rousseff se viu sob tal cerco das lideranças religiosas que acabou divulgando uma carta à nação garantindo que seu governo não tomaria nenhuma iniciativa para descriminalizar a interrupção voluntária da gravidez. Na ocasião, mesmo algumas lideranças feministas julgaram que esse seria o preço a pagar pela vitória eleitoral e, com ela, a continuidade de outras políticas em defesa das mulheres.

Assim, havia uma tensão entre os limites que o governo assumia em nome do realismo político e as convicções de muitos dirigentes petistas e das pessoas que comandavam a SPM e, durante a gestão de José Gomes Temporão, também o Ministério da Saúde. Ao longo dos governos de Lula e de Dilma, setores do Poder Executivo tomaram medidas para assegurar e facilitar o acesso das mulheres ao abortamento, nos casos previstos em lei – o que é importante, já que em grande parte do país o aborto legal é inacessível na prática. Com frequência, as iniciativas eram revogadas, por pressão de lideranças conservadoras. Diante da ameaça de retaliações, em particular da possibilidade de perder apoio no Congresso (pois uma parte significativa da bancada fundamentalista participava da troca de favores destinada a garantir a "governabilidade"), a resposta era o recuo.

Um padrão similar ocorreu nas políticas de respeito à diversidade sexual, notadamente no programa de combate à homofobia nas escolas, estigmatizado como "kit gay". No caso dos meios de comunicação de massa, as propostas para uma modesta regulação do setor, apresentadas no primeiro mandato de Lula, sofreram tal bombardeio que os governos evitaram voltar à questão – e mesmo a realização da Conferência Nacional de Comunicação não impactou as políticas para a mídia (ver capítulo 4). O *script* é sempre o mesmo: iniciativa governamental para avançar determinada agenda, grita dos grupos conservadores, recuo. Ele indica tanto a presença de insatisfação com os limites permitidos à transformação quanto a incapacidade dos governos petistas para encontrar uma resposta diferente do recuo. Apenas nos momentos eleitorais, quando a afirmação de um programa mais à esquerda se tornava necessária para acionar a militância, e (ainda assim de maneira ambígua) nos estertores do governo Dilma houve algum esforço para não ceder às pressões conservadoras. (Uma importante exceção, de acordo com a leitura de alguns analistas, teria sido a mudança de orientação da política econômica no governo Dilma, que enfrentaria o rentismo; sobre a questão, ver o capítulo 5.)

A fórmula brasileira da "governabilidade" se baseia na força da Presidência da República diante dos outros poderes. Os recursos que controla e a capacidade de distribuir favores dão a ela condições de barganha muito favoráveis. A estratégia do PT reconhecia este fato, tanto que sacrificava a conquista de governos estaduais ou a ampliação de sua bancada no Congresso para acomodar aliados que lhe garantissem alcançar o poder central. Mas, paradoxalmente, na hora em que negociava com seus parceiros conservadores, o governo parecia não confiar no que dispunha e adotava o recuo como modo *default*.

O PT cedeu tudo o que pôde para garantir o mínimo. Para viabilizar tal acerto, apostou na desmobilização dos movimentos sociais; de certa maneira, o que se vendeu ao capital foi a capacidade de mantê-los quietos. Os beneficiados das políticas compensatórias garantiriam a continuidade do projeto; em sintonia com o caráter desmobilizador do petismo, a expressão de seu apoio se daria exclusivamente por meio do voto. No momento de maior sucesso do lulismo, era possível imaginar que ele tinha dado certo. Apostas mais elevadas na construção de uma sociedade diferente tinham sido abandonadas, mas ao menos o combate à miséria extrema e a obtenção de um patamar mínimo de inclusão social estavam garantidos – formavam, na leitura de André Singer, o novo patamar de onde partia a disputa política no Brasil (Singer, 2012).[5]

Os eventos que sucederam à eleição de 2014 desmentem tal veredito. A fragilidade de uma política que não enfrentou nenhuma questão estrutural nem desafiou privilégios ficou patente pela facilidade com que os avanços da era petista foram sendo desmontados. Voltamos ao momento do desemprego, da redução do poder de compra dos salários, do desinvestimento nos serviços públicos. E, como o ambiente parece propício, de roldão são acrescentados retrocessos ainda maiores: desmonte da legislação trabalhista e previdenciária, criminalização da juventude, beneplácito legal à violência policial, legislação retrógrada no campo da família e da sexualidade. A direita, em vez de se civilizar, radicalizou seu programa e seu discurso. E conseguiu apoio popular.

O caminho da conciliação fora escolhido a partir do entendimento de que a via do confronto estava fadada ao fracasso. Mas a conciliação depende da colaboração do adversário: quando um não quer, dois não conciliam. A direita radicalizada destruiu o frágil arranjo que sustentava o projeto lulista.

3

A RECOMPOSIÇÃO DA DIREITA BRASILEIRA

A TÁTICA DO PT NO PODER, DE EVITAR CONFRONTOS, ACOMODOU por longo tempo a fatia majoritária da classe política brasileira, que tem como único programa a obtenção de vantagens para si mesma. Acostumada a lidar com governantes de trajetória mais conservadora, ela muitas vezes teve atritos com os petistas. Suspeitava que seu programa apontava para transformações sociais que terminariam por prejudicá-la. Também estranhava os novos ocupantes do poder, que não faziam parte de suas rodas, nem dominavam seus códigos. Lula, com o traquejo de décadas de experiência como chefe político, contornou tal incômodo, mas com Dilma Rousseff ele gerou ressentimentos que desempenhariam um papel nada desprezível no processo de *impeachment* que a derrubou. Ainda assim, para este setor, a lógica dominante sempre foi se acertar com quem está no poder, para não correr o risco de perder suas benesses.

Outros setores não estavam disponíveis para acomodação tão fácil. Aqueles que almejavam ocupar o centro do poder não se resignariam a posições secundárias no governo de outros. Assim, as lideranças do Partido da Social-Democracia Brasileira (PSDB) se moveram naturalmente para a oposição aos governos petistas. Além delas, havia grupos que se situavam próximos à extremidade direita do espectro político, para os quais mesmo toda a moderação do PT era insuficiente para gerar possibilidade de diálogo. Eram anticomunistas renitentes, nostálgicos da ditadura militar, alguns fundamentalistas religiosos e uns poucos liberais econômicos extremistas, cuja defesa de um Estado ultramínimo os fazia recusar, por princípio, qualquer forma de política social e para quem o petismo, por mais moderado que fosse, continuava perigosamente intervencionista.

Extremistas e tucanos formavam dois grupos distintos. O PSDB nasceu em 1987 com o objetivo de agrupar a franja mais esclarecida das elites brasileiras. O termo "social-democracia" nunca representou mais do que um nome de fantasia, embora o partido buscasse encarnar um projeto civilizador, que idealmente aproximaria o Brasil das democracias capitalistas avançadas. Criado em meio à Assembleia Nacional Constituinte, apresentava-se como reação à degradação oportunista do PMDB e almejava resgatar o projeto centrista original que unificara a oposição à ditadura.

Em seguida, houve um deslocamento contínuo e acelerado para a direita, é verdade. Os parlamentares do PSDB foram em geral favoráveis aos direitos sociais na Constituinte, mas, em 1989, o candidato presidencial Mário Covas já erguia a bandeira do "choque de capitalismo". Notáveis do partido (como Fernando Henrique Cardoso) ensaiaram um namoro com o governo Collor. E quando os tucanos chegaram à Presidência, após as eleições de 1994, adotaram o receituário neoliberal, tanto no que se refere à privatização desenfreada e à diminuição do Estado, com o impacto previsível na oferta de serviços à população, quanto pela adoção de táticas *thatcheristas* para quebrar o movimento sindical. Mas o partido mantinha o discurso, ainda que a prática muitas vezes o contradissesse, dos direitos humanos, das liberdades democráticas e da justiça social.

Ao longo das gestões petistas, a desidratação eleitoral ou capitulação de seus parceiros tradicionais, que se bandearam para os novos ocupantes do poder, levaram o PSDB a se aproximar da direita ideológica. Foi o cálculo político que fez que ele assumisse o discurso mais atrasado e fizesse da oposição ao direito ao aborto um carro-chefe da campanha presidencial de 2010 ou da redução da maioridade penal uma de suas bandeiras principais em 2014. Entre os fundadores do partido, um conservador típico como Geraldo Alckmin representava uma exceção. Hoje, está entre os líderes do setor mais moderado, num PSDB que namora abertamente com Bolsonaro e que abriga fundamentalistas religiosos, fundamentalistas do mercado e defensores exaltados da truculência policial.

A observação de Jessé Souza – com Aécio Neves, "pela primeira vez um candidato [presidencial] conservador brasileiro não fez de conta que era de centro-esquerda" (Souza, 2006, p.105) – sintetiza o cenário, mas merece duas ponderações. Em 1989, o tom ferozmente anticomunista da campanha de Fernando Collor talvez o qualifique como primeira exceção. E o José Serra de 2010 já havia assumido a "agenda moral" conservadora, que é na verdade uma agenda de restrição de direitos de mulheres e de gays, lésbicas, travestis e pessoas trans, como um dos eixos centrais de sua campanha. As novidades da campanha de Aécio em 2014 foram, por um lado, incrementais: ele incorporou com maior radicalidade a desconfiança em relação aos direitos humanos (seu companheiro de chapa, senador Aloísio Nunes Ferreira, era o maior defensor da redução da maioridade penal) e o privatismo. Mas deu também um passo extra, que é o que embasa o veredito de Souza, relegando a igualdade, em todas as suas dimensões, à condição de valor secundário.

Os anos petistas testemunharam, assim, dois fenômenos paralelos: o PSDB entendeu que seu caminho era liderar a direita; e a direita entendeu que havia espaço para radicalizar seu discurso. Mas o uso de *direita*, no singular, precisa ser relativizado. O que há é a confluência de grupos diversos, todos conservadores ou reacionários, com divergências doutrinárias, cuja união é sobretudo pragmática e motivada pela percepção de um inimigo comum. Os setores mais extremados incluem três vertentes principais, que são o chamado *libertarianismo*, o *fundamentalismo religioso* e a reciclagem do antigo *anticomunismo*.

A ideologia libertariana, descendente da chamada "escola econômica austríaca" e influente em meios acadêmicos e ativistas dos Estados Unidos, prega o menor Estado possível e afirma que qualquer situação que nasça de mecanismos de mercado é justa por definição, por mais desigual que possa parecer. É rotulada de ultraliberal, mas sua relação com o liberalismo clássico é tensa. O libertarianismo começa e termina no dogma da santidade dos contratos "livremente" estabelecidos, reduz todos os direitos ao direito de propriedade e tem ojeriza por qualquer laço de solidariedade social. Para liberais de correntes mais canônicas, não seria uma doutrina liberal e sim de caráter neofeudal: "Como o feudalismo, o libertarianismo concebe o poder político justificado como baseado numa rede de contratos privados" (Freeman, 2002, p.120).

Apresentado como uma teoria intelectualmente sofisticada, capaz de fazer frente à pretensa hegemonia do pensamento progressista nos ambientes universitários, este neofeudalismo é promovido ativamente por fundações privadas estadunidenses, que formam divulgadores e os treinam para a intervenção no debate público, estigmatizando as posições de esquerda como ultrapassadas, ilusórias e autoritárias. No caso brasileiro, tais fundações, em particular a Atlas Network, estão na raiz do ressurgimento de uma forte corrente de direita no movimento estudantil, os Estudantes pela Liberdade (EPL), e da súbita aparição de organizações militantes como o Movimento Brasil Livre (MBL).

A rigor, trata-se do mesmo grupo. O EPL é o braço brasileiro da Students for Liberty, organização internacional financiada pela Atlas e outras fundações similares, com orçamento na casa dos milhões de dólares. Mas a legislação estadunidense restringe a isenção fiscal de fundações privadas que patrocinem grupos com "atuação política" – entendida, de forma muito restrita, como participação direta em processos eleitorais ou na derrubada de governos. Sendo assim, os grupos financiados se desdobram em outros, que se ocupam da intervenção política direta. O MBL surgiu como uma "marca" do EPL para participar das manifestações contra Dilma Rousseff.

Não por acaso, os componentes semânticos centrais das organizações libertarianas se associam à "liberdade". Seus porta-vozes se esforçam para radicalizar temas que já estão presentes, ainda que de forma mais matizada, na tradição liberal do século XVIII em diante: a oposição imanente entre liberdade e igualdade, a igualdade como ameaça à liberdade. Essa suposta oposição se torna equivalente à distinção entre a esquerda, defensora da igualdade, e a direita, que veste as cores da liberdade. O Estado, agente caracterizado pela capacidade de impor coercitivamente suas decisões, é oposto ao mercado, terreno das trocas voluntárias – definido como mercado "livre", onde se realiza a "liberdade econômica". Fica adensada a separação entre política e economia que é um ponto cego da doutrina liberal, desde seus primórdios. Estado, esquerda, coerção e igualdade compõem um universo de sentido, enquanto liberdade, mercado e direita formam outro.

Essa divisão é apresentada como absoluta. A conceituação de "liberdade" com a qual ela opera, que se resume à ausência de interferência externa, é apresentada como evidente e, portanto, dispensando qualquer problematização. Não é possível discutir a questão da produção social das preferências, uma vez que já está contrabandeada a noção, de raiz utilitarista, de que as preferências manifestadas no mercado são o reflexo de uma natureza humana permanente. Tampouco é possível levar em conta tradições filosóficas diferentes, que não operam com a dicotomia liberdade/igualdade, mas com as dicotomias liberdade/dominação (em que o problema central não é a interferência externa à ação individual, mas seu eventual caráter arbitrário) ou liberdade/necessidade (que introduz o problema da privação material como obstáculo ao exercício da autonomia humana). Para estas tradições, a igualdade não é a inimiga da liberdade. Ao contrário, a igualdade de influência política e a igualdade de recursos seriam a base necessária para a liberdade de todos; sem elas, "liberdade" pode se configurar numa bandeira que não apenas é vazia de sentido, mas serve para encobrir múltiplas formas de opressão.

O esforço para reconceituar o debate político de maneira a fazê-lo girar em torno da oposição entre igualdade e liberdade – e assim colocar na defensiva todo o discurso de expansão dos direitos sociais – exige também um bocado de memória seletiva. Todos os grandes ícones ultraliberais revelaram simpatia pelo autoritarismo, desde Ludwig von Mises, que escreveu que o fascismo "salvou a civilização europeia", até Milton Friedman e Friedrich Hayek, que apoiaram a ditadura de Augusto Pinochet no Chile (1973-1990). De fato, quem lê Hayek, por exemplo, logo percebe seu desprezo pela democracia, que pode ser um obstáculo à "liberdade". Mas lendo com mais atenção percebe-se também que essa "liberdade" se resume ao livre-mercado. Para que o mercado funcione como ele deseja, muitas liberdades – como a liberdade dos trabalhadores se organizarem em defesa de seus interesses – devem ser eliminadas. Muitos desses grandes entusiastas da liberdade defendem sem rodeios medidas como o banimento dos sindicatos.

Outras ginásticas retóricas aparentemente bizarras também afloram. Uma rápida pesquisa no Google mostra dezenas de páginas argumentando que o nazismo era uma doutrina de esquerda – afinal, não tinha "socialista" no nome do partido de Adolf Hitler? Algumas dessas páginas estão hospedadas nos sites de organizações como o Instituto Liberal de São Paulo ou o Instituto Mises Brasil. Com menor ou maior volume de financiamento vindo do exterior, trata-se de órgãos de propagação de ideias (*think tanks*, na expressão inglesa que vem sendo utilizada também no Brasil) voltados a deslocar o centro de gravidade do debate público. O maior de todos é o Instituto Millenium, criado em 2006, sustentado por empresas nacionais e transnacionais, cuja missão é reduzir o papel do Estado na economia. O Instituto Liberal de São Paulo também possui boa visibilidade, em grande medida por causa de seu criador, o jornalista Rodrigo Constantino, que foi por longo tempo colunista da revista *Veja*. Além dos *think tanks*, há o Partido Novo, idealizado por executivos do Banco Itaú para pregar o evangelho ultraliberal, em sua forma mais pura, no campo político brasileiro.

Nos Estados Unidos, as fundações privadas muitas vezes operam pela colonização direta das universidades, patrocinando cátedras com orientação ideológica definida ou estabelecendo centros de estudos nos *campi*. No Brasil, o modelo de administração das instituições públicas de ensino superior, que são de longe as mais respeitadas, cria dificuldade para a adoção da mesma estratégia. A ofensiva se dá, então, junto aos meios de comunicação de massa, que transformaram os principais porta-vozes da direita em estrelas do colunismo político, econômico e cultural e dão amplo espaço para os seminários organizados pelos *think tanks* ultraliberais.

A presença na mídia noticiosa tradicional é combinada com uma utilização vigorosa dos novos canais proporcionados pela internet, com uma miríade de páginas em redes sociais, vídeos no Youtube e *hangouts* muito frequentados. (O sucesso da direita na utilização das novas tecnologias não é alheio ao fato de que muito da mística subversiva associada a elas aposta na suspensão da possibilidade do controle estatal, isto é, um discurso que possui afinidades eletivas com o ultraliberalismo.) Como consequência da visibilidade nas mídias tanto tradicionais quanto novas, estabeleceu-se um forte mercado editorial para autores de direita, que produziu boa parte dos *best-sellers* de "não ficção" da última década. As presenças na mídia e no mercado editorial, por fim, acabam impactando o mundo universitário, uma vez que o acesso a elas é um incentivo ao qual os acadêmicos costumam ser sensíveis.

É razoável imaginar que a doutrina libertariana tem pouco potencial para se tornar popular. Por mais que a ideia de que o Estado é ineficiente tenha se disseminado, junto com a ideologia da superioridade do mercado, permanece enraizada a compreensão de que algumas obrigações são coletivas. Uma pesquisa realizada entre participantes das manifestações pelo *impeachment* de Dilma Rousseff, isto é, integrantes da base social da direita brasileira, mostrou que a concordância com a ideia de que educação e saúde devem ser públicas e gratuitas superava a casa dos 95% dos entrevistados (Ortellado; Solano, 2016, p.177). O foco, assim, está dirigido sobretudo a formadores de opinião, gestores públicos e dirigentes empresariais. Fornecendo um programa máximo que se sabe que não será alcançado, os libertarianos pressionam o Estado a restringir sua ação reguladora.

O libertarianismo original, por sua convicção de que a autonomia individual deve ser sempre respeitada, levaria a posições avançadas em questões como liberação do consumo de drogas, direitos reprodutivos e liberdade sexual. Mesmo nos Estados Unidos, porém, tais posições tendem a estar mais presentes em textos dogmáticos do que na ação política dos simpatizantes da doutrina. Seus principais aliados são cristãos fundamentalistas e o discurso costuma apresentar o reforço da família tradicional como compensação para a demissão do Estado das tarefas de proteção social – Estado que é o inimigo comum, seja por regular as relações econômicas, seja por reduzir a autoridade patriarcal ao determinar a proteção aos direitos dos outros integrantes do núcleo familiar. Aliança similar ocorre no Brasil, em que o ultraliberalismo faz frente unida com o conservadorismo cristão.

Os *think tanks* ultraliberais não se eximem de defender bandeiras conservadoras, como a proibição do aborto ou o projeto Escola Sem Partido, que tem como um de seus objetivos centrais proibir a discussão sobre igualdade de gênero e liberdade sexual nas instituições de ensino. São estímulos contraditórios, que por vezes é difícil conciliar. O mesmo MBL que escolheu, como uma de suas faces públicas, um jovem negro, pobre e homossexual (Fernando Holiday, que em 2016 foi eleito vereador na cidade de São Paulo), fez campanha em favor da nomeação, para o Supremo Tribunal Federal (STF), de um jurista ligado à Opus Dei, que, ao lado da abolição da legislação trabalhista, defendia a submissão das mulheres, a revogação do direito ao divórcio e a proibição do matrimônio para casais homossexuais. O dilema pode ser enunciado assim: as posições mais arejadas na chamada "agenda moral" são necessárias para ganhar credibilidade junto à juventude e nos ambientes intelectuais aos quais a pregação libertariana mais sofisticada se dirige. Para a implantação de seu programa econômico, porém, os religiosos fundamentalistas são aliados cruciais.

O fundamentalismo religioso tornou-se uma força política no Brasil a partir dos anos 1990, sobretudo com o investimento das igrejas neopentecostais em prol da eleição de seus pastores. Por vezes se fala na "bancada evangélica", mas a expressão ignora diferenças entre as denominações protestantes, invisibiliza o setor minoritário, mas não inexistente, de evangélicos com visão mais progressista e, sobretudo, deixa de lado a importante presença do setor mais conservador da Igreja Católica no Congresso, não por meio de sacerdotes, mas de leigos engajados. A frente unida dos religiosos conservadores ficou patente na eleição municipal de 2016, quando o cardeal-arcebispo do Rio de Janeiro, Orani Tempesta, optou por oferecer um apoio discreto, mas efetivo, ao candidato Marcelo Crivella (PRB), bispo da Igreja Universal do Reino de Deus. Os conflitos, por vezes ruidosos, entre as duas igrejas cederam diante da necessidade de evitar a vitória de um candidato à esquerda.

O fundamentalismo se define pela percepção de que há uma verdade revelada que anula qualquer possibilidade de debate. Ativos na oposição ao direito ao aborto, a compreensões inclusivas da entidade familiar e a políticas de combate à homofobia, entre outros temas, os parlamentares fundamentalistas se aliam a diferentes forças conservadoras no Congresso, como os latifundiários e os defensores dos armamentos, numa ação conjunta que fortalece a todos. Fora do Congresso, pastores com forte atuação política e forte presença nas redes sociais, como Silas Malafaia (da Assembleia de Deus Vitória em Cristo), dão voz à sua pauta.

A menção a Malafaia, preso em dezembro de 2016 por participação num esquema de fraude fiscal, é útil para indicar que o fundamentalismo não significa necessariamente fanatismo. É um discurso utilizado de acordo com o senso de oportunidade de seus líderes: contribui para manter o rebanho disciplinado, imuniza-o diante de discursos contraditórios e fornece aos chefes um capital importante, isto é, uma base popular, com o qual eles negociam. O controle de emissoras de rádio e televisão completa o quadro. Os líderes religiosos desempenham o papel de novos coronéis da política brasileira.

Não que a influência religiosa seja nova. Antes, porém, partidos e candidatos cortejavam apenas a Igreja Católica; agora, têm que atrair também outras denominações. E a influência deixou de se dar apenas de fora, uma vez que líderes religiosos agora disputam também posições no campo político. O PT entendeu esse quadro e se esforçou para criar pontes com as organizações religiosas, em alguns casos com sucesso. A Igreja Universal, que dizia – literalmente – que Lula era um emissário de Satanás, passou a apoiá-lo. Em contrapartida, foi recompensada com espaços no governo, até mesmo ministérios, e incentivos para o crescimento de sua emissora de televisão, a Record. Outros grupos, porém, permaneceram na oposição, subindo o tom das denúncias contra as administrações petistas. A ênfase na "agenda moral" conservadora aparecia como o caminho para que a direita reconquistasse ao menos uma parte da base social que perdera por causa das políticas de combate à miséria associadas ao PT.

Tal ambiguidade favoreceu aqueles que vendiam apoio ao governo, valorizando seu passe. Como a vinculação deles à agenda conservadora nunca foi minorada, o apoio destes grupos religiosos exigia que o Poder Executivo refreasse iniciativas para a extensão de direitos, sobretudo das mulheres e da população LGBT. E, na hora em que o governo Dilma começou a ruir, eles não tiveram dificuldade para mudar de lado e engrossar as fileiras do golpe.

A terceira vertente da direita radical recicla o anticomunismo, que parecia ultrapassado com o fim da Guerra Fria, mas ganhou nova roupagem na América Latina e no Brasil. A ameaça passou a ser o "bolivarianismo" (a doutrina do falecido presidente venezuelano Hugo Chávez) e o Foro de São Paulo, conferência de partidos latino-americanos e caribenhos de centro-esquerda e de esquerda, que na narrativa anticomunista assumiu a feição de uma conspiração para dominar o subcontinente. A despeito do centrismo crescente de seu discurso e de suas práticas moderadas quando esteve no governo, o Partido dos Trabalhadores veio a ser apresentado como a encarnação do comunismo do Brasil, gerando uma notável sobreposição entre anticomunismo e antipetismo. Com alguma penetração na mídia tradicional e um uso muito forte das redes sociais, escritores como Olavo de Carvalho são a voz pública dessa posição.

As três correntes não são estanques. Olavo de Carvalho, apresentado aqui como emblema do anticomunismo tradicional, é igualmente um católico fundamentalista; o espantalho do Foro de São Paulo é levantado também por ultraliberais libertarianos, e assim por diante. O caso mais notável foi exatamente o do deputado Jair Bolsonaro (PSL-RJ), que se notabilizou pela defesa da ditadura e dos torturadores e pelo anticomunismo caricato. Desde que abraçou o projeto de ser o candidato da extrema-direita às eleições presidenciais de 2018, o que ele mesmo afirmou ter ocorrido a partir de 2014, ele se alinhou de maneira deliberada ao fundamentalismo cristão, de forma bastante ecumênica: continuou se dizendo católico e integrando a Frente Parlamentar Mista Católica Apostólica Romana, mas em maio de 2016 foi batizado em Israel por um pastor evangélico e distribuiu seus familiares por diversas denominações protestantes. Ao mesmo tempo, incorporou ao discurso a defesa do Estado mínimo. Em resumo: a ação conjunta contra um inimigo comum levou a direita a um programa *sui generis*, segundo o qual o Estado deve se abster de interferir nas relações econômicas e de prover serviços, mas regular fortemente a vida privada em defesa da família tradicional, contra a homossexualidade e contra os direitos das mulheres.

Há um caminho, em particular, de fusão do anticomunismo com o reacionarismo moral, que passa por uma leitura fantasiosa da obra de Antonio Gramsci e recebe o nome de "marxismo cultural". A noção de que a luta política tem, como momento central, a disputa por projetos e visões de mundo, torna-se, nas mãos de seus detratores à direita, uma estratégia maquiavélica e simplória, com o objetivo de solapar os consensos que permitem o funcionamento da sociedade, por meio da manipulação das mentes (a noção de "lavagem cerebral" é invocada com frequência). Gramsci é apresentado como alguém que bolou um "plano infalível" para a vitória do comunismo: é o Cebolinha do pensamento marxista.

Por essa leitura, um passo fundamental para a derrubada do capitalismo e da "civilização ocidental" a ele associada é a dissolução da moral sexual convencional e da estrutura familiar tradicional. Afinal, como diziam os velhos manuais de educação moral e cívica, "a família é a célula *mater* da sociedade"; se destruída, faz todo o edifício romper. Daí deriva que, na interpretação difundida por Olavo de Carvalho, a estratégia gramsciana passa por "apagar da mentalidade popular, e sobretudo do fundo inconsciente do senso comum, toda a herança moral e cultural da humanidade" (Carvalho, 2002). O mesmo tipo de raciocínio é exposto por parlamentares da extrema-direita, como maneira de sustentar sua oposição a qualquer iniciativa para reduzir as desigualdades de gênero, e chega às redes sociais na forma de denúncias contra a "ditadura comunista gay" em formação.

Entre as três vertentes da direita aqui apresentadas, apenas os fundamentalistas religiosos possuíram tradicionalmente uma bancada no Congresso Nacional. As ideias ultraliberais marcam a atuação de alguns deputados, sobretudo entre os mais jovens do PSDB e a pequena bancada eleita pelo Partido Novo em

2018, mas trata-se mais de um discurso difuso do que de uma ação política coordenada. E o anticomunismo radical teve porta-vozes parlamentares, notadamente Jair Bolsonaro e seu filho Eduardo, mas, afora estas exceções, funcionava mais como um pano de fundo, evocado quando conveniente, do que uma diretriz de ação política. Só em 2018, turbinada pela onda Bolsonaro, chegou ao Congresso uma verdadeira bancada que tem no combate ao fantasma do comunismo uma prioridade de sua ação.

Graças à visibilidade que obteve, fruto tanto de uma utilização competente das novas ferramentas tecnológicas quanto pelo espaço concedido nos meios de comunicação tradicionais, a direita extremada, em suas diferentes vertentes, contribuiu para redefinir os termos do debate público no Brasil, destruindo consensos que pareciam assentados desde o final da ditadura militar. Ainda que aparecessem vozes dissidentes e que os compromissos muitas vezes fossem apenas de fachada, o discurso político aceitável incluía a democracia, o respeito aos direitos humanos e o combate à desigualdade social. De maneira mais geral, a partir da Constituição de 1988, a disputa política no Brasil ocorria num terreno demarcado pelo discurso dos direitos, que se tornara amplamente hegemônico. A mobilização da direita rompeu com isso.

Denúncias da incompetência, ignorância ou venalidade do eleitorado mais pobre, que se tornaram correntes após a reeleição de Lula, desaguaram na defesa aberta do desrespeito aos resultados eleitorais quando eles desafiavam o que seria alguma racionalidade superior. O discurso de que os direitos humanos "protegem bandidos" deixou de ser exclusividade das margens do campo político, em particular graças à campanha pela redução da maioridade penal. Em especial, as críticas pontuais aos programas sociais, que estimulariam a preguiça e desincentivariam o esforço próprio, ganharam corpo como um discurso meritocrático que apresentava a desigualdade como a retribuição justa às diferenças entre os indivíduos.

O Brasil vivencia o avanço de uma percepção atomista da sociedade, que despreza qualquer forma de solidariedade e lê o direito como privilégio inaceitável num mundo que começa e termina na competição entre as pessoas. Por isso, o único direito que pode ser evocado é o estritamente individual, usado contra a mobilização coletiva: o direito de quem quer ter aula contra quem ocupa a escola, o direito do motorista contra a manifestação de rua, o direito do usuário contra os servidores públicos em greve. Colaboram para este resultado diversas inflexões nas visões de mundo predominantes em diferentes espaços sociais. Uma parte importante da pregação das igrejas cristãs abandonou o registro da caridade ou da frugalidade em favor da "teologia da prosperidade", em que a fé é um investimento a ser retribuído por Deus na forma de vantagens materiais. Entre os trabalhadores, o declínio da atividade sindical foi acompanhado pela penetração do discurso do "empreendedorismo", feito sob medida para dissolver a solidariedade de classe.

O trabalhador – em particular o trabalhador precarizado, despido de vínculo empregatício – é instado a ver em si mesmo um capitalista em formação. A opção preferencial dos governos petistas pela inclusão por meio do acesso ao consumo, isto é, como mobilidade social individual, certamente contribuiu para permitir a penetração desta visão de mundo.

O discurso renovado da meritocracia veio a calhar sobretudo para as classes médias, que se viam às voltas com seu eterno receio de perder a diferença em relação aos mais pobres. O incômodo dos setores médios com a possibilidade de ascensão de quem está abaixo deles na pirâmide social é um traço recorrente da história brasileira. A preocupação não é melhorar sua condição, mas evitar que a dos outros melhore. O "manifesto dos coronéis", em 1954, que levou à queda de João Goulart do Ministério do Trabalho, é o exemplo mais perfeito: seu objetivo não era reivindicar aumento nos soldos, e sim evitar o reajuste do salário mínimo, a fim de impedir que trabalhadores ganhassem remuneração próxima à de oficiais das forças armadas.

Trata-se de algo que é mais profundo do que o chavão usado por alguns setores da esquerda, de que a classe média está chateada com os "aeroportos lotados de pobres". Esse sentimento decerto existe e não é necessariamente irrelevante – no século passado, Ortega y Gasset começou seu *A rebelião das massas*, logo tornado um clássico do pensamento elitista, deplorando "o fato das aglomerações". Mas os efeitos simbólicos e materiais da redução das distâncias sociais não se esgotam nisso. A busca da distinção social é um componente central da dinâmica das sociedades contemporâneas e o acesso ao consumo é uma das principais formas pelas quais essa distinção se manifesta.[6] O efeito "simbólico" é um efeito sobre a percepção da própria posição na hierarquia social e, portanto, do sucesso ou fracasso como indivíduo.

Os efeitos materiais são igualmente palpáveis. A redução da vulnerabilidade dos mais pobres teve impacto inegável no mercado de trabalho, fazendo escassear a mão de obra que estava disponível a preço vil e que beneficiava esta classe média nos serviços domésticos e pessoais (cabeleireira, jardineiro etc.). Uma renda, mesmo que pequena, como a que o Bolsa Família representa, autoriza uma condição mais favorável para a negociação de contratos de trabalho. Políticas de qualificação profissional e taxas reduzidas de desemprego permitiram que muitas empregadas domésticas migrassem para outras ocupações, uma opção atraente devido não só à possível remuneração maior, mas também à relação laboral mais bem definida e ao maior prestígio social. A extensão dos direitos trabalhistas aos empregados domésticos, ocorrida no governo Dilma Rousseff sob forte oposição das representantes das "patroas", também ampliou o custo da utilização desta mão de obra. O setor de serviços pessoais, por sua vez, vivenciou uma inflação acima do restante da economia, isto é, houve uma ampliação dos proventos, em geral muitos baixos, daqueles que os ofereciam.

A democratização do acesso ao ensino superior, promovida pelos governos do PT por meio da expansão da rede de universidades federais, da implantação de cotas sociais e raciais para o ingresso nelas e ainda por uma enorme e controversa ampliação do crédito para estudantes de faculdades privadas, também impactou negativamente a classe média. Uma das vantagens comparativas que ela imaginava legar para seus filhos – o "diploma" – corria o risco de deixar de ser tão exclusiva.

A má vontade desse segmento social foi canalizada, em primeiro lugar, para a repulsa à corrupção. Houve, sem dúvida, frustração autêntica gerada pela descoberta que a probidade petista estava muito longe daquilo que o partido alardeava. Mas a narrativa da *decadência moral*, por relevante que seja, não explica o desdobramento, que é a singularização do PT como único responsável pelos desvios éticos na política brasileira, para não dizer por todos os males do país. Há aí a confluência entre o incômodo com a (pequena) ascensão social dos mais pobres, o discurso propalado pela mídia e a ação da oposição de direita.

Forma-se um nexo importante também entre a percepção da corrupção petista e o preconceito de classe. De 2006 em diante, após cada eleição presidencial os analistas se debruçavam sobre os mapas de votação para constatar que a vantagem eleitoral do PT provinha das regiões mais pobres do país, em particular do Nordeste. Seria sintoma de que esse eleitorado era desinformado ou, pior, carente de ética, disposto a votar em "ladrões" desde que eles lhe oferecessem ganhos, como os programas de garantia de renda. Aliás, é comum se exigir do eleitorado pobre um altruísmo que não se espera dos ricos: quando um empresário define seu voto de acordo com a expectativa de vantagens fiscais, é um modelo de eleitor racional; mas quando o apoio eleitoral retribui políticas sociais, é visto como venalidade. Nas redes sociais, as vitórias petistas eram acompanhadas por manifestações cada vez mais exaltadas de xenofobia antinordestina.

A revolta contra a corrupção é marcada pela seletividade, mas também pelo maniqueísmo. A corrupção não é entendida como um produto das relações do poder político com o poder econômico, mas como um desvio de pessoas sem caráter. A resposta a ela pode exigir reformas pontuais, mas sobretudo a punição mais efetiva dos culpados. Uma análise dos grandes jornais durante a crise do mensalão revelou que eles "podem ter sido 'incendiários' na conjuntura, mas adotaram antes a postura de 'bombeiros' em relação a possíveis questionamentos de longo alcance do sistema político" (Miguel; Coutinho, 2007, p.121). O veredito permanece válido para os escândalos posteriores, vinculados à Operação Lava Jato. Seletividade e maniqueísmo marcaram não só a mentalidade da classe média, mas também – o que não é mera coincidência, claro – a cobertura jornalística e a ação do aparelho repressivo de Estado.

Reportagens em jornais e redes de televisão, processos judiciais, investigações policiais e boatos gerados na internet se realimentaram, gerando uma nuvem de informações verdadeiras, duvidosas ou indubitavelmente falsas que estigmatizava o PT – e, por consequência, toda a esquerda – como encarnação da desonestidade e do mal. A mídia acusava Lula de ter recebido uma vantagem como propina; diligências da Polícia Federal e ações da justiça movimentavam o noticiário (até que, após meses, o processo fosse arquivado sem alarde, reconhecendo-se que as alegações não possuíam provas que as sustentassem). Na onda da descoberta do pretenso patrimônio imobiliário oculto do ex-presidente, um dublê de jornalista e porta-voz das teses da direita identificou um palacete no Uruguai. Foi constrangido a se desmentir em seguida, mas o episódio já entrara no repertório das redes sociais. As mesmas que garantiam que o filho de Lula, efetivamente suspeito de ter aproveitado o parentesco para conseguir vantagens para sua empresa, era o verdadeiro dono da Friboi, a maior empresa de processamento de carnes do mundo.

Entre os rumores mais absurdos, fabricados e disseminados na internet, e a cobertura de jornais e emissoras de televisão não há uma fronteira, e sim um *continuum*. A maior parte da mídia convencional não dava guarida aos boatos mais risíveis, embora alguns deles pudessem aparecer em veículos marginais que abandonaram a pretensão de credibilidade (como a revista *IstoÉ*) ou em páginas de indivíduos que retiravam legitimidade de sua exposição na imprensa (como Rodrigo Constantino). O noticiário enviesado fomentava a visão maniqueísta do público e, assim, consolidava o ambiente mental que permitia que mesmo as falsificações mais disparatadas ganhassem foros de verdade. As pesquisas realizadas nas passeatas pelo *impeachment* de Dilma Rousseff mostraram que a maioria dos presentes concordava com afirmações como as de que o filho de Lula era o proprietário da Friboi, de que a facção criminosa Primeiro Comando da Capital (PCC) era o braço armado do PT, de que os governos petistas trouxeram milhares de haitianos para fraudar as eleições no Brasil e de que o objetivo final deles era implantar um regime comunista.[7]

Este anedotário é revelador do grau de irracionalidade do debate político. Ainda mais grave, porém, é o fato de que a paulatina ampliação do politicamente dizível, com a emergência do discurso contrário à solidariedade social propagando pela extrema-direita, permitiu que uma fatia importante das classes médias assumisse de forma clara seu desconforto com a redução da distância que a separava dos pobres.

As grandes manifestações pelo *impeachment*, em 2015 e 2016, tiveram entre seus eixos discursivos a defesa da "meritocracia", a denúncia dos "vagabundos" e o saudosismo manifestado em frases como "eu quero meu país de volta" – todas formas de expressão de repulsa pelos programas de inclusão social. (A pesquisa entre manifestantes paulistas, já citada, indica forte rejeição às cotas raciais nas universidades e concordância com a ideia de que o Programa Bolsa Família "só financia preguiçoso".) Desde o início, esses conteúdos foram centrais no discurso das lideranças das mobilizações, tanto entre os movimentos de proveta (MBL, Vem Pra Rua etc.), quanto entre os jornalistas da televisão – e também em alguns parlamentares, como o senador Ronaldo Caiado (DEM-GO). A possibilidade de mobilização política deste desconforto com a igualdade dependeu de um trabalho prévio de demolição da noção de solidariedade social que fundamentava o consenso, existente ao menos da boca para fora, sobre a necessidade de construir um Brasil mais justo. Este foi o grande trabalho ideológico da direita nos últimos tempos.

É razoável pensar que os grandes articuladores e operadores do golpe de 2016 não planejavam colocar Jair Bolsonaro na Presidência. A mobilização agressiva da extrema-direita seria instrumental para manter acuada a esquerda, mas abriria caminho para o retorno ao poder da velha elite conservadora. No entanto, o jogo mudara. O discurso de demonização da política atingiu também os partidos da direita tradicional, que viram seus candidatos patinar nas pesquisas pré-eleitorais, apesar do apoio do grande capital e dos meios de comunicação de massa. O principal destes candidatos, Geraldo Alckmin (PSDB), montou uma gigantesca coalizão, fez uma campanha muito cara, ocupou sozinho 44% da propaganda eleitoral no rádio e na TV – e terminou com menos de um sétimo da votação que obtivera em sua tentativa presidencial anterior (em 2006).

Abriam-se, assim, dois caminhos para a direita brasileira. Um era retomar as negociações com o PT. Quando ainda tentava viabilizar sua candidatura à eleição de 2018, Lula não cessou de fazer acenos a uma nova repactuação que permitisse reiniciar um processo de inclusão social, mesmo que em bases ainda mais estreitas do que antes. Preso e tornado inelegível, comandou a escolha do ex-prefeito de São Paulo, Fernando Haddad, para substituí-lo como candidato, talvez o petista que, por sua moderação política extrema e por suas origens, era o mais palatável para as elites.

A outra opção era apoiar Jair Bolsonaro, reconhecido por seu despreparo e truculência, já então suspeito de ligações com o crime organizado, inimigo confesso da democracia e dos direitos humanos, com um discurso com nítidos traços fascistas. Esta foi a opção feita. Foram colocados todos os obstáculos à identificação pública entre Haddad e Lula, essencial para a transferência de votos que permitiria a vitória petista, e fecharam-se os olhos para a campanha de notícias falsas, alimentada por contribuições empresariais ilegais, de seus adversários. A imprensa e os candidatos de centro-direita difundiam a ideia, insustentável à luz dos fatos, de que os dois representavam "extremismos" simétricos – primeiro, na tentativa de dar fôlego à candidatura de Alckmin; depois, como justificativa para o apoio a Bolsonaro ou para a pretensa neutralidade no segundo turno.

Entre aceitar que o campo popular voltasse a ser incluído como interlocutor político legítimo ou jogar o Brasil no caminho da barbárie, a classe dominante não titubeou.

4

OS MEIOS DE COMUNICAÇÃO E A DEMOCRACIA

PARA COMPREENDER A CRISE DA ORDEM POLÍTICA DEMOCRÁTICA NO

Brasil é necessário analisar a posição dos meios de comunicação de massa. Não se trata apenas de estudar seu comportamento, claramente enviesado, ao longo do processo que culminou na destituição da presidente Dilma Rousseff e, depois, na vitória eleitoral de Jair Bolsonaro. Trata-se também de entender o lugar que a mídia ocupa no sistema político brasileiro – e como, deste lugar, ela desempenha o papel de obstáculo permanente ao aprofundamento das práticas democráticas.

Em geral, os modelos com os quais a Ciência Política trabalha ignoram a mídia ou, no máximo, concedem a ela um estatuto secundário. Admite-se que o funcionamento do regime democrático depende do provimento de uma certa quantidade de "informação", mas há pouca curiosidade para entender como operam os sistemas que produzem esta informação. Para algumas vertentes da teoria democrática liberal, a disputa política serve de garantia de que o público terá acesso a relatos contraditórios sobre a realidade, uma vez que cada partido ou grupo de interesse tentará divulgar sua própria versão dos fatos para o maior número possível de pessoas. Assim, os cidadãos teriam condições de construir seus próprios julgamentos a partir de uma pluralidade de pontos de vista. Para outras, a concorrência mercantil entre os meios de comunicação gera um sistema "autocontrolado", no qual todos terão incentivos para disponibilizar a informação mais verdadeira e serão punidos, pelos próprios mecanismos de mercado, caso não o façam. Esse desinteresse da Ciência Política, que considera que a comunicação é um problema desimportante ou que se resolve de maneira automática, contrasta com a preocupação obsessiva que os candidatos à liderança política têm com a gestão de sua visibilidade pública.

O autodiscurso dos próprios meios de comunicação também costuma apresentá-los como externos ao campo político. De maneira geral, o jornalismo – que não é a única, mas é a faceta mais visível da influência da mídia na vida política cotidiana – se coloca como mero reflexo do mundo, um canal neutro pelo qual passam os "fatos" para que o público possa tomar conhecimento deles. Ainda que hoje esteja disseminada a crítica aos ideais canônicos de imparcialidade, neutralidade e objetividade jornalísticas, eles continuam centrais na produção da legitimidade da mídia diante do público; na verdade, até mais centrais, diante da ameaça representada pela emergência de circuitos alternativos de disseminação da informação, baseados nas novas tecnologias.

Em relação ao sistema político, o discurso ostensivo do jornalismo é a posição de cão de guarda, desvelando as ações dos funcionários do Estado e permitindo que a cidadania os julgue. De acordo com a expressão convencional, ele seria o "quarto poder", cuja função é controlar os outros três – o que converge com a outra metáfora, já que a forma específica deste controle é dar publicidade aos atos dos governantes, de maneira que o público esteja capacitado a fornecer seu veredito. O jornalismo seria o principal mecanismo para permitir a *accountability* do sistema político.

Essa narrativa é mítica. A imparcialidade é inacessível, mesmo que seja buscada com sinceridade, uma vez que todos nós vemos o mundo a partir de uma determinada perspectiva – vinculada à nossa posição social, à nossa trajetória e aos interesses aos quais estamos ligados. No momento em que define quais são os fatos que serão noticiados e qual o destaque que cada um receberá, o jornalismo aplica critérios de seleção e de hierarquização que estão longe de ser objetivos (como queria a teoria dos valores-notícia, hoje desacreditada). Mas esses critérios passam a transitar socialmente como universais exatamente porque ganham a visibilidade concedida pela mídia. Quando o jornalismo transforma um fato em notícia, faz que ele receba atenção pública e o torna importante por isso. Quando aplica sua própria regra e decide "dar voz aos dois lados", está determinando quais lados da controvérsia são os relevantes. Ao exercer sua função de cão de guarda e denunciar as transgressões de funcionários públicos, transforma em fato aquilo que é um julgamento moral de valor e, assim, contribui para fixar uma determinada fronteira entre certo e errado. As escolhas do jornalismo, portanto, incidem sobre o mundo social e ajudam a moldá-lo.

Embora seja necessário, por motivos óbvios, estabelecer salvaguardas que impeçam a disseminação de informações mentirosas, esta é apenas a faceta menos complicada do problema. A falsificação escancarada e a omissão deliberada não resumem o repertório de formas de intervenção política da mídia. Ainda mais cruciais são o poder de determinar a agenda, isto é, o conjunto de questões que receberão atenção pública, e, dentro desta agenda, quais são os agentes e as posições relevantes. O desafio não se coloca mais em termos de adesão à realidade factual, mas de sensibilidade às diferentes perspectivas, valores e interesses que presidem os critérios de hierarquização dos diferentes grupos sociais.

A reduzida pluralidade do noticiário é perceptível facilmente, desde que se consiga ganhar alguma distância e desnaturalizar seu conteúdo – e não é um problema apenas brasileiro. Atentados, desastres e crises humanitárias ocorridos na Europa Ocidental têm destaque muito maior do que os ocorridos na África subsaariana. Especulações sobre a queda de um ministro ganham mais espaço do que o assassinato de um líder camponês. O crime no bairro rico repercute mais que a chacina no bairro pobre. As oscilações na bolsa de valores geram mais manchetes do que o poder de compra dos salários. As lutas pelos direitos das mulheres não entram na pauta de política. Os exemplos se multiplicam; em todos os casos, revelam os efeitos da origem de classe, dos ambientes frequentados e das expectativas e preconceitos compartilhados de jornalistas, proprietários de empresas e anunciantes, que incidem sobre a determinação das fronteiras entre importante e desimportante, extraordinário e corriqueiro, próximo e distante.

Quanto mais plural é o conteúdo da mídia, maior a diversidade de visões de mundo disputando a esfera pública. Trata-se de uma exigência para o funcionamento efetivo do regime democrático. É possível ver nos meios de comunicação de massa uma esfera informal de representação política: já que é impossível que todos intervenham diretamente no debate público, ele é travado no ambiente proporcionado pela mídia por representantes das diferentes posições políticas e interesses sociais. Quanto mais enviesada é esta representação, pior a qualidade da mídia – e da democracia.

Muitos fatores contribuem para a redução do pluralismo jornalístico. A origem social dos profissionais costuma ser similar; mesmo que não o seja, eles passam por processos comuns de socialização nas faculdades e nas redações. As empresas são organizações capitalistas voltadas para o lucro, assim como os anunciantes, o que já circunscreve um conjunto bem determinado de interesses. Vantagens comparativas favorecem a concentração da propriedade da mídia, seja pelo fato de que a "sinergia" entre veículos de diferentes plataformas reduz gastos, seja porque quem atinge um grande público oferece um custo proporcional menor para os anunciantes. A concorrência comercial, a ideologia da objetividade e a competição interna no campo jornalístico, estruturada pela dicotomia "furar"/"ser furado" trabalham, todas, na direção da homogeneização dos conteúdos. Ampliar a pluralidade exige, portanto, vontade política, traduzida em medidas para frear a concentração da propriedade das empresas, em fortalecimento de um setor de mídia pública que estabeleça critérios de excelência profissional independentes das pressões do mercado e em estímulos à produção de informação por grupos sociais que não se veem incluídos nos meios tradicionais.

Essa vontade nunca se fez presente no Brasil. A literatura sobre jornalismo costuma distinguir "pluralismo interno", quando um mesmo veículo busca apresentar várias visões diferentes, e "pluralismo externo", quando diferentes veículos verbalizam as diversas posições. O Brasil falha de um jeito e do outro.

Não se trata de dizer que não existam expressões de opiniões diferentes – elas existem, na medida em que não há censura formal e o princípio liberal da liberdade de imprensa é, em linhas gerais, observado. Mas cabe observar que os meios de comunicação produzem o ambiente público de discussão política na medida em que funcionam como um *sistema*, no qual os temas colocados para debate (a "agenda"), os atores dignos de atenção e os elementos que balizam a compreensão de cada problema (o "enquadramento") são reforçados pela cobertura singular de cada veículo. Dito de outra forma: o pequeno pluralismo proporcionado, no caso brasileiro, pela presença de certas publicações alinhadas ao Partido dos Trabalhadores e de alguns poucos veículos, ainda menores, posicionados à esquerda do PT é anulado por sua exclusão do sistema. *Veja*, *Folha de S.Paulo*, *O Estado de S.Paulo* e Rede Globo repercutem uns aos outros, gerando uma pauta comum, mas as reportagens publicadas em

CartaCapital ou *Brasil de Fato* são sistematicamente ignoradas por eles.

Um sobrevoo pela história do Brasil mostraria uma grande quantidade de episódios em que os meios de comunicação contribuíram para moldar conjunturas e produzir determinados desenlaces. É discutível se a Revolução de 1930 teria ocorrido sem o concurso dos Diários Associados. Seu dono, Assis Chateaubriand, fora um entusiasta da chapa da Aliança Liberal, derrotada na eleição presidencial. Em seguida, seus jornais (e especialmente a revista ilustrada *O Cruzeiro*) desempenharam papel decisivo na dramatização e amplificação do assassinato de João Pessoa, o candidato a vice de Getúlio Vargas, criando o clima de opinião favorável ao movimento revolucionário. Décadas depois, a cobertura hostil dos meios de comunicação contribuiu de forma decisiva para tornar insustentável a continuidade do último governo de Getúlio, levando-o ao suicídio em 1954, modelo que se repetiu, dez anos depois, para a deposição de João Goulart.

Tentativas de deposição de governos são intervenções episódicas. Antes de chegar a elas, a mídia usa seu poder de influência para manter o jogo político dentro de determinados limites, reduzindo as alternativas factíveis para os representantes, e intervém nos processos eleitorais. São formas de atuação com graus diferentes de sutileza, que correspondem, em linhas gerais, ao quanto as empresas de comunicação se sentem constrangidas a respeitar as regras do jogo democrático formal. Durante algum tempo, foi possível descrever a influência dos meios de comunicação de massa no Brasil como uma evolução lenta, mas constante, na direção destas formas mais sutis de influência nas disputas políticas. Não é que eles deixassem de intervir, mas adotavam padrões um pouco mais parecidos com aqueles presentes nos regimes liberais consolidados. A Rede Globo, que ainda ocupa a posição central de nosso sistema de mídia, serve como exemplo.

Nas primeiras eleições parcialmente competitivas desde 1964, as disputas pelos governos estaduais em 1982, a Globo participou do chamado "esquema Proconsult", a tentativa de fraudar o resultado no Rio de Janeiro, retirando a vitória de Leonel Brizola. Seu papel era divulgar projeções enviesadas da contagem dos votos, legitimando a trapaça realizada pela empresa responsável pela totalização. O esquema foi desmontado, por ironia, graças à imprensa: a rádio Jornal do Brasil divulgava projeções diferentes e Brizola denunciou a fraude a correspondentes estrangeiros.

Já em 1989, na primeira eleição presidencial após o retorno dos civis ao poder, a Globo entrou em campanha quase aberta por Fernando Collor, participando ativamente da ofensiva de *marketing* que o tornou um candidato viável. A campanha da Globo culminou na edição do último debate entre Collor e Lula, no Jornal Nacional. Hoje, até o discurso oficial da emissora reconhece a intenção manipulativa da edição, ainda que jogue a responsabilidade sobre alguns funcionários, não sobre a direção da empresa.[8] A cobertura da campanha de 1989 tornou-se o exemplo canônico de intervenção desonesta da mídia no processo político, mas é forçoso reconhecer que, da fraude na apuração dos votos à "mera" manipulação do eleitorado, há algum progresso.

A reação à manipulação de 1989 e o fracasso do governo Collor levaram a uma postura mais cautelosa em 1994. Não houve a promoção aberta do candidato Fernando Henrique Cardoso: ela foi substituída pela defesa do Plano Real. A manobra, já de partida pouco sutil, tornou-se indisfarçada no momento em que o então ministro da Fazenda, Rubens Ricupero, a explicou em rede nacional, sem saber que estava sendo captado pelas antenas parabólicas. De qualquer maneira, é uma demonstração de que, cinco anos após a campanha de Collor, a Globo já entendia que precisava, no mínimo, fingir que não estava envolvida com qualquer dos candidatos. Quando Fernando Henrique buscou um novo mandato, em 1998, a manobra foi outra. A emissora eliminou a campanha presidencial do noticiário, fazendo da eleição um simples ritual de recondução do presidente ao cargo. Era essa, aliás, a estratégia do PSDB: impedir a discussão de alternativas. No período de doze semanas que antecedeu a votação, em 1998, os candidatos presidenciais reunidos receberam menos tempo de Jornal Nacional do que, por exemplo, a cobertura dada ao nascimento de Sasha, filha da apresentadora de televisão Xuxa Meneghel. Tal silenciamento é o descumprimento do compromisso público do jornalismo, mas foi explicitamente apresentado, na época, como prova de "neutralidade" no pleito.

E em 2002 houve o passo mais significativo de aproximação ao padrão de intervenção da mídia nos países de democracia capitalista consolidada. Havia simpatia, da Globo como da grande imprensa em geral, ao candidato José Serra. Mas tal simpatia foi controlada e o empenho maior foi garantir que todos os candidatos competitivos se comprometessem com a defesa de determinados interesses básicos. Ao contrário do pleito anterior, o Jornal Nacional deu amplo espaço à campanha. Cronometrou o tempo destinado aos quatro principais candidatos, dando a eles visibilidade similar. O esforço era para extrair de todos eles a garantia expressa de que a política econômica em vigor não seria alterada e os "contratos" seriam respeitados. A grande imprensa, Globo incluída, enfatizava o perigo de uma vitória da oposição (alta do dólar e do chamado "risco Brasil"), que só seria evitado assegurando a permanência do modelo vigente.

Assim, era apresentada uma aparente neutralidade diante da disputa eleitoral, ao mesmo tempo que o espectro das propostas que os candidatos podiam "legitimamente" defender ficava severamente restrito. É evidente que o jornalismo de uma sociedade democrática precisa de muito mais pluralismo. Ainda assim, em 2002 os conglomerados de mídia tiveram que demonstrar disposição para aceitar a alternância no poder (que se tornara cada vez mais inevitável). Com isso, avançaram rumo ao padrão de cobertura preferido por seus congêneres nos países do Norte, que também defendem interesses, mas evitam a manipulação eleitoral indisfarçada.

Portanto, de 1982 a 2002 temos um padrão evolutivo, em que formas mais abertas de intervenção política são substituídas por formas mais veladas: uma narrativa civilizatória. A partir da crise do mensalão, no primeiro mandato de Lula, porém, o quadro mudou. As campanhas de 2006, 2010 e 2014 foram num crescendo de engajamento eleitoral aberto. No processo, não só a Rede Globo, mas todos os principais veículos de comunicação brasileiros passaram a adotar um padrão menos cauteloso de envolvimento político.

No entanto, as políticas dos governos petistas, também no que tange à relação com a mídia, foram para evitar enfrentamentos. Embora o PT incorpore em seu programa a bandeira da democratização da comunicação, ela nunca foi alçada à posição de prioridade. O político brasileiro que enfrentava publicamente os meios de comunicação, em particular a Rede Globo, era Leonel Brizola, marcado pela tentativa de fraude em 1982 e pela cobertura agressiva contra seus dois mandatos no governo do Rio de Janeiro. Em 2002, emissários da campanha de Lula conversaram com a direção da Globo e de outros conglomerados de mídia. O então presidente do partido, deputado José Dirceu, impediu que a bancada apresentasse qualquer ação contra a Medida Provisória n.70, publicada pouco antes do primeiro turno, que regulamentou a entrada do capital estrangeiro no mercado de comunicação brasileiro – como a participação era limitada a 30%, as empresas alimentavam a esperança, logo transformada em frustração para a maioria, de que encontrariam parceiros dispostos a nelas injetar capital, sem com isso perder o controle da linha editorial. Ao celebrar sua vitória, no dia seguinte ao segundo turno de 2002, dividindo a bancada do Jornal Nacional com William Bonner e Fátima Bernardes, o presidente eleito já sinalizava o caminho de sua relação com os grandes conglomerados de comunicação.

No exercício do cargo, Lula adotou, na questão da democratização da mídia, a mesma postura tímida que tomou em outras áreas. Em 2003, o Ministério das Comunicações divulgou os nomes dos proprietários das emissoras de rádio e TV, uma medida aparentemente óbvia (afinal, são concessionários do poder público), mas que enfrentava muita resistência por expor as vinculações entre políticos e mídia. Pressões retiraram a listagem do site do Ministério. O governo ensaiou outras medidas que colocavam a questão em pauta, mas recuou diante da oposição que enfrentaram. O projeto de criação da Agência Nacional do Cinema e do Audiovisual (Ancinav), que regulava o setor buscando combater monopólios e favorecer a diversificação regional da produção, foi enviado ao Congresso em 2004 e arquivado em seguida. Também em 2004 foi encaminhado projeto para criar um Conselho Federal de Jornalismo (CFJ), similar a outros conselhos profissionais, com o objetivo de zelar pelos padrões éticos – o projeto foi derrotado na Câmara dos Deputados, naquele mesmo ano.

Nos dois casos, o governo pouco fez para viabilizar a aprovação dos projetos, recuando diante da reação contrária da mídia. A cobertura jornalística sobre os projetos da Ancinav e do CFJ, aliás, serve para ilustrar a ausência de pluralismo dos meios de comunicação brasileiros. Em momento algum houve algo próximo de um debate. Houve apenas a condenação unilateral contra medidas apresentadas como tentativas de impor uma renovada censura estatal à mídia. O que era uma controvérsia que envolvia juízos de valor sobre as medidas propostas foi transformado num fato – o autoritarismo do governo – para o qual a única resposta aceitável era a condenação.

Em seguida, Lula fez acenos inequívocos aos grupos de mídia, em especial à Globo. Em 2005, em meio à crise do mensalão, nomeou um ex-funcionário da empresa, o senador Hélio Costa, para o Ministério das Comunicações. Desde o governo Sarney (1985-1990), que representou o auge da influência da Globo na vida política do Brasil, o cargo não era entregue a alguém tão próximo da emissora. No ano seguinte, Lula decidiu em favor das redes de televisão a batalha pela definição do padrão de televisão digital a ser adotado no país. Foram derrotados, de um lado, as empresas de telefonia celular, interessadas na adoção de um sistema que lhes permitisse abocanhar uma fatia de um mercado que se supunha bilionário, e, de outro, ativistas que viam na implantação da TV digital uma oportunidade para a democratização das comunicações. Nada disso, porém, rendeu uma cobertura menos desfavorável na campanha pela reeleição.

Em duas outras frentes, que não dependiam de autorização congressual, os governos petistas tomaram iniciativas que desagradaram os donos da mídia. Uma foi a pulverização da verba publicitária. No final do segundo mandato de Fernando Henrique Cardoso, a publicidade do governo federal irrigava 499 veículos, de 182 municípios. Ao longo do governo Lula, passou a ser distribuída entre mais de 8 mil, incluindo jornais, revistas, rádio, TV, sites e blogs da internet, de quase 3 mil diferentes municípios. A parte do leão permaneceu com as grandes empresas – o governo não desafiou a visão predominante de que sua verba publicitária deve ser alocada de forma "técnica", proporcional às fatias de audiência, sendo vedados usos "políticos" como, por exemplo, apoiar a ampliação do pluralismo da mídia. Ainda assim, houve um fortalecimento dos veículos locais, que ganharam recursos para uma maior profissionalização.

Em paralelo a isso, ocorreu a segunda iniciativa: o aprimoramento da comunicação estatal. O governo Lula passou a disponibilizar material em texto, áudio e vídeo, para ser usado por pequenas empresas de comunicação, ampliando a visibilidade dos seus enquadramentos preferidos e reduzindo a dependência que eles tinham dos veículos maiores da mídia comercial. Muitas vezes, a programação noticiosa de pequenas emissoras de rádio, por exemplo, era pouco mais do que a leitura de notícias publicadas nos jornais. Agora, podiam colocar no ar sonoras de ministros e outros funcionários públicos. Em 2007, chegou-se ao projeto mais ambicioso, de transformar a antiga Radiobrás numa rede efetivamente pública, com independência diante de governo e mercado. O projeto da Empresa Brasileira de Comunicações (EBC) ainda era capenga, sem a autonomia financeira necessária para que seu caráter público pudesse se firmar, mas foi o passo mais significativo na direção de uma pauta histórica da luta pela democratização da comunicação no Brasil. Não por acaso, desmontá-lo foi uma das primeiras prioridades do governo que emergiu do golpe de 2016.

Nos momentos em que o conflito com a mídia se tornou mais aberto, o governo voltou a lançar iniciativas que contrariavam seus interesses. Em 2010, reuniu-se a Conferência Nacional de Comunicação, que repercutiu fortemente a agenda dos movimentos de democratização da mídia. Em 2011, o nome dos proprietários das emissoras voltou ao site do Minicom. Mas estas escaramuças não alteravam a direção geral, que era evitar um confronto que impedisse reacomodações posteriores. As decisões da conferência, em particular, significaram uma reafirmação simbólica de compromissos diante dos militantes, mas não orientaram qualquer política governamental.

O debate sobre a democratização da mídia é bloqueado exatamente pela elevada capacidade que tem de influenciar a agenda pública e de impor sanções – na forma de menor visibilidade ou de visibilidade negativa – àqueles que a desafiam. Diante da opinião pública, as empresas assumem o lugar de campeãs da liberdade de expressão e da liberdade de imprensa, evocadas cotidianamente pela Associação Brasileira de Emissoras de Rádio e TV (Abert), pela Associação Nacional de Jornais (ANJ), pela Sociedade Interamericana de Prensa e outras entidades asseme- lhadas. No discurso delas, a liberdade de expressão é um valor absoluto, que se sobrepõe a qualquer outro direito e que assume a forma de veto a qualquer tipo de regulação estatal. Assim, em nome da liberdade de expressão as empresas se opõem à regulação do direito de resposta no jornalismo, à classificação in- dicativa dos conteúdos audiovisuais de acordo com a faixa etária a que se destinam ou mesmo ao controle da publicidade comercial.

É um discurso que opera com dois deslocamentos do sentido da liberdade de expressão, que obstaculi- zam uma compreensão mais aprofundada do que ela significa, mas que ingressaram – graças exatamente à repetição permanente – no senso comum. O primeiro é assumir que se trata de um valor plano e homo- gêneo, que se estende igualmente e sem restrições a todas as formas de expressão pública. Mas diferentes tipos de discurso levam a diferentes formas e abran- gências de seu direito de se expressar. A publicidade, por exemplo, que não promove nenhum valor social relevante e, ao mesmo tempo, possui enorme pene- tração, tendendo a colonizar todo o espaço público, pode ser regulada de maneira muito severa, com o ba- nimento de determinadas estratégias persuasivas, da propaganda de categorias inteiras de produtos ou de mensagens dirigidas a determinados públicos, como o infantil. Em outros casos, há a convivência com limites internos, característicos do objetivo daquele discurso: professores têm liberdade de expressão em sala de aula, mas não podem ignorar os currículos; a liberdade de expressão dos cientistas não lhes permite falsificar dados. A observância de regras da ética profissional, portanto, é uma exigência compatível com a liberdade de expressão jornalística.

O segundo deslocamento, com consequências ainda maiores, é que, para as empresas de comunicação e seus aliados, a liberdade de expressão deve ser entendida sobretudo como um direito individual. Eu posso falar o que quero, como quero, usando os meios que estiverem a meu alcance. Se tenho acesso a televisão, jornal, rádio e revista, falarei a uma multidão de pessoas. Se não tenho, paciência. A liberdade de expressão, assim, é o estado de natureza hobbesiano, no qual ganham os mais fortes.

Mas é possível ver que a liberdade de expressão é também – e de maneira central – um direito coletivo. Precisamos dela para que o público tenha acesso a um debate político plural, com ideias, valores, perspectivas sociais e propostas divergentes. Essa sempre foi, por sinal, a compreensão dos defensores liberais clássicos da liberdade de expressão, de John Milton a John Stuart Mill. No contexto da época, a preocupação deles era impedir a censura estatal. Mas o controle dos recursos de comunicação nas mãos de uns poucos agentes privados causa o mesmo resultado de abafamento da discussão e de silenciamento das vozes divergentes.

Entendida como mero direito negativo, isto é, como ausência de veto autoritário, a liberdade de expressão está igualmente acessível a quem fala em rede nacional de rádio e TV e a quem berra na rua. Mas se ela é reconhecida como sendo um instrumento necessário para que todos participem das discussões públicas, então o acesso aos meios de difusão se torna a questão central. Da forma como os proprietários dos veículos de mídia a conceituam, a liberdade de expressão é a liberdade para eles falarem sozinhos. O resultado, para a democracia, é um debate sem pluralidade e uma cidadania desprovida dos recursos para produzir de forma esclarecida suas preferências.

Só essa ausência de perspectivas divergentes permitiu que os meios de comunicação atuassem de forma tão unilateral na política brasileira das últimas décadas. Há um trânsito entre a ausência de pluralismo e a transgressão dos parâmetros mínimos da ética jornalística. Em muitos episódios da vida nacional recente, a cobertura da mídia se mostrou maciçamente favorável a uma das posições em conflito, recusando espaço ou folclorizando as outras. A política de privatizações do governo Fernando Henrique Cardoso é um exemplo; a questão do "rombo" nas contas da previdência social, outra. As manifestações contrárias às privatizações até foram noticiadas, embora com muito menos destaque do que seus líderes gostariam, mas os argumentos em favor da manutenção das telefônicas ou da Vale do

Rio Doce como empresas públicas praticamente não chegaram aos jornais, e menos ainda à televisão. No caso da previdência, nos diversos momentos em que o debate a respeito é retomado, a percepção de o sistema ser deficitário e insustentável a médio prazo aparece como fato incontestável, uma vez que os estudos que chegam a conclusão diversa são ignorados. Todo o enquadramento da discussão pressupõe o déficit, o que leva a privilegiar a visão da previdência como um problema atuarial, não como direito social.

Em suma, uma interpretação específica da realidade é apresentada como sendo a própria realidade. O resultado é o estreitamento daquilo que Daniel Hallin chamou de "esfera da controvérsia legítima": várias posições são entendidas *a priori* como ilegítimas e, portanto, podem e devem ser deixadas de fora. O caso brasileiro é peculiar porque a controvérsia legítima nos meios de comunicação possui uma amplitude muito menor do que aquela que é encontrada não apenas na sociedade em geral, mas mesmo entre os partidos políticos relevantes. Posições que encontram guarida em legendas à esquerda do centro são marginalizadas no debate, mesmo quando detêm parcela importante dos votos e bancadas parlamentares significativas.

Um passo seguinte é a diferenciação da cobertura de acordo com as personagens implicadas, violando uma das regras do código ético que os jornalistas ostensivamente seguem: a "neutralidade", entendida como indiferença quanto às consequências positivas ou negativas do noticiário para um ou outro grupo ou personalidade. A história de como a mídia contribuiu para construir o clima de opinião que permitiu a derrubada de Dilma Rousseff ainda está para ser contada,[9] mas o tratamento desigual dado às denúncias de corrupção, conforme atingiam políticos ligados ao PT ou à oposição de direita, foi patente. Não é necessário recuperar o extenso anedotário do período, em que manchetes contrárias a Lula eram produzidas e sustentadas mesmo com base nos boatos menos verossímeis, ao passo que acusações documentadas contra Aécio Neves ou José Serra, ainda que fossem noticiadas, eram apagadas da cobertura no dia seguinte. Qualquer pessoa que tenha acompanhado a cobertura desde a deflagração da Operação Lava Jato observou que a imprensa modelava seu discurso de acordo com as consequências no cenário político.

Por fim, houve a transgressão mesmo da regra mais elementar do jornalismo, que é não falsificar informações que seriam objetivas. O caso mais emblemático foi a reportagem de capa da revista *IstoÉ* de 6 de abril de 2016, assinada por Débora Bergamasco e Sérgio Pardellas e intitulada "As explosões nervosas da presidente". Com base em pretensas fontes anônimas, afirmava que Dilma Rousseff estava descontrolada emocionalmente, destruindo móveis em acessos de fúria e dependendo de remédios contra esquizofrenia. Mesmo a foto que ilustrava a capa era manipulada: uma imagem tirada quando a presidente comemorava um gol do Brasil na Copa do Mundo foi tratada por computador e apresentada como sendo o flagrante de um ataque de raiva contra algum subordinado. Mas talvez esse tipo de falseamento grosseiro, até pelas reações imediatas que provoca, seja de menor significado do que as formas menos ostensivas nas quais o pluralismo insuficiente da mídia brasileira se traduz.

As "reações" a que me refiro ocorrem sobretudo nos espaços da internet, nos quais, em vez do enquadramento único predominante na mídia tradicional, o que se vê é um debate muito caloroso ou mesmo colérico. Para alguns, as novas tecnologias democratizariam de tal modo o acesso ao debate público que estariam resolvendo o problema do controle da mídia. Os veículos tradicionais estão nas mãos de uns poucos, mas todos podem estabelecer *blogs* na internet ou abrir contas em redes sociais. A afirmação de que aqueles que lutam pela democratização da comunicação estão "uma guerra atrasados" veio do colunista de um jornal conservador (Schwartsman, 2015), mas também em alguns círculos de esquerda houve uma perceptível euforia com as novas tecnologias.

É mais complicado do que isso, no entanto. As pesquisas mostram que os meios de comunicação convencionais continuam sendo centrais para a produção da agenda pública, seja atingindo diretamente o público, seja como fonte original de conteúdos que serão difundidos por outros canais. Ao mesmo tempo, o novo ambiente comunicacional coloca vários desafios para as empresas de mídia – o mais evidente deles toma a forma de uma crise de financiamento, que compromete a reprodução de suas práticas profissionais atuais. As novas plataformas da internet favorecem a circulação de informação *grátis* e desconectada da publicidade comercial que, nos veículos que não cobravam diretamente dos consumidores, como rádio ou TV aberta, viria colada ao acesso à informação. Apesar dos gigantescos esforços das empresas, a propaganda *online* se mostra menos eficaz, seja porque é eliminada nos múltiplos compartilhamentos da informação, seja porque existem ferramentas para fugir dela, seja ainda porque enfrenta a resistência dos usuários que a veem como imposições que prejudicam a fruição dos conteúdos que desejam acessar. Ao mesmo tempo, um novo modelo de negócios, mais enxuto, compete por um lugar ao sol tendo como recompensa a remuneração que o Facebook ou o Youtube dão aos geradores de tráfego. Neste caso, a verba publicitária é destinada às plataformas, que transferem apenas uma fração aos produtores de conteúdo. Para que a conta feche, é necessário combinar um grande potencial para chamar a atenção do público (sensacionalismo) com um baixo custo de produção (amadorismo).

A busca de dinheiro fácil com informação barata e pouco confiável não é nova. Mas o novo ambiente amplia as dificuldades para os concorrentes baseados em jornalismo que se quer sério. A produção da informação continua tendo custos. Se o consumidor não deseja pagar e se os anunciantes se retiram, quem vai quitá-los? Talvez patrocinadores que não desejam dar visibilidade a marcas e produtos, mas influenciar no debate público – e então o jornalismo é colocado a serviço de interesses políticos ou comerciais, retrocedendo em sua profissionalização. Embora o financiamento pelo mercado (de anunciantes e de leitores) tivesse problemas, permitia sustentar uma deontologia apoiada em valores de independência e imparcialidade, que nunca eram inteiramente realizados, mas formavam um horizonte normativo. Hoje este horizonte está cada vez mais longínquo.

Outro fator a ser considerado é que o jornalismo tem necessidade de reforçar seus valores específicos (imparcialidade, objetividade, profissionalismo) para marcar sua diferença em relação a outras fontes de informação e fazer frente ao avanço da chamada "pós-verdade", caracterizada pelo ceticismo quanto às fontes de conhecimento até então reconhecidas, como a ciência, a escola e o jornalismo profissional. Em suma, não haveria qualquer critério fidedigno de validação da informação, levando a uma indeterminação perene. A presença de teorias conspiratórias faz que, em muitos círculos sociais, estas mesmas fontes de conhecimento apareçam não apenas como incertas, mas como participantes ativas de complôs para difundir e sedimentar inverdades (um exemplo extremo disto é o terraplanismo). Enfim, há o uso das novas tecnologias da informação e da comunicação como ferramentas incontroláveis para a geração de circuitos de difusão de "verdades alternativas", que, graças aos fatores descritos antes, tornam-se virtualmente invulneráveis a qualquer escrutínio crítico.

Para o jornalismo profissional, portanto, resta uma situação de profunda ambiguidade. O ambiente que garantia seu quase-monopólio do provimento de informações foi erodido, logo suas condições de financiamento também. Essa crise de financiamento empurra as empresas para a venda de influência política. Mas a concorrência de novos agentes as obriga a reforçar o apelo ao profissionalismo específico que o distinguiria. A "credibilidade" pode ou não ser moeda corrente na relação entre jornalismo e público, mas é o estandarte que opera no próprio campo para marcar seu diferencial e o argumento central de autoridade de que ele dispõe.

Nesta disputa, os novos agentes adotam como discurso a denúncia do alinhamento do campo jornalístico com uma posição (à esquerda ou à direita, dependendo do caso) e assumem a posição de desveladores de uma realidade oculta. O jornalismo, como revide, reforça em seu discurso o apego aos valores profissionais de objetividade, respeito à verdade factual e isolamento estrito entre notícia e opinião. Há décadas, os estudos vêm mostrando como o fundamento epistemológico do autodiscurso do jornalismo é frágil e dependente de estratégias de universalização de um ponto de vista que é socialmente situado e, portanto, particular. Mas, diante da ameaça das *fake news*, ele é recuperado sem qualquer ressalva.

No caso do Brasil, a história é um pouco diferente. Por aqui, a reafirmação dos valores profissionais tradicionais responde às *fake news*, sim, mas precisa também ser entendida como reação às críticas suscitadas pelo elevado alinhamento partidário das grandes empresas de mídia. O antipetismo militante dos meios de comunicação empresariais brasileiros, manifesto desde que o PT se tornou uma força política relevante, é um obstáculo permanente à manutenção mesmo de uma fachada de observância à pretendida neutralidade. Alguns veículos optaram por se despir de toda esta deontologia, apostando na coincidência de perspectivas sociais e preconceitos com o público como forma de manter sua confiança e levando ao extremo o processo de "objetivação de padrões morais" (Ettema; Glasser, 1998, p.71), isto é, de transformação de julgamentos em fatos – a revista *Veja* é o exemplo mais reluzente. Outros, porém, permaneceram se equilibrando na corda bamba, entre antipetismo e "imparcialidade jornalística". Os processos paralelos de preparação do golpe de 2016 e de perseguição judicial contra o ex-presidente Luiz Inácio Lula da Silva agravaram esta tensão.

Os meios de comunicação de massa foram parceiros essenciais da empreitada, ao lado das fábricas de *fake news*. Trata-se de uma diferença fundamental em relação àquilo que é descrito na literatura estadunidense, em que mídia e *establishment* político foram simultaneamente desafiados por *outsiders* que se impuseram por meios heterodoxos. A análise de Benkler, Faris e Roberts sobre os Estados Unidos indica, por um lado, que o "ecossistema" da mídia de direita descolou-se do *mainstream* e, assim, tornou-se infenso a qualquer confronto com a realidade factual, ao passo que os veículos da esquerda continuam dialogando com os órgãos tradicionais da imprensa. Por outro lado, o enorme barulho feito pela direita em torno de seus assuntos capturou a agenda da mídia tradicional e, assim, definiu a pauta da disputa eleitoral de 2016, enfim vencida por Donald Trump.

No Brasil a trama foi outra. Aqui, o jornalismo corporativo há tempos esposou a agenda da direita em sua luta para retirar do governo (e da esfera do politicamente aceitável) a centro-esquerda, encarnada pelo PT, e seu programa de reformas moderadas. Todos os principais veículos, incluindo jornais, revistas, emissoras de rádio ou TV e grandes portais de notícias, participam deste esforço. Vozes dissonantes existem, mas, como já observado, permanecem à margem do sistema. Elas acabam, muitas vezes, reduzidas à posição de reagir e tentar reinterpretar o noticiário da grande mídia.

Na prática, formou-se no Brasil uma triangulação entre aparelho repressivo, mídia e fábricas de *fake news*. Informações contrárias a Lula e ao PT eram vazadas por policiais, procuradores ou juízes e repercutidas com alarde no noticiário; ou, então, a informação, apresentada como um furo de reportagem, motivava uma investigação da polícia ou do Ministério Público. Isso criava o clima de opinião propício para que organizações da extrema-direita produzissem seu próprio material – versões exageradas das notícias iniciais ou simples mistificações –, ancoradas na credibilidade original dos funcionários públicos e do jornalismo profissional. A mídia gerava, portanto, o ambiente para que as *fake news* prosperassem. Sem a reiterada afirmação de que Lula era o chefe e o PT uma quadrilha criminosa, as histórias sobre seus filhos serem proprietários de grandes empresas ou ele possuir contas bilionárias no exterior teriam mais dificuldade para se propagar. Sem o discurso reiterado de que Bolsonaro e o PT representavam formas opostas, mas simétricas, de "extremismo", o apoio envergonhado que muitos conservadores deram ao ex-capitão, em 2018, teria sido mais custoso.

As novas tecnologias mudam a relação entre meios de comunicação de massa, poder econômico e poder político. Mas não eliminam a centralidade da mídia, nem a necessidade, para quem deseja construir uma ordem democrática, de enfrentar o gargalo representado pelo controle da informação por um punhado de grupos privados.

5

A DERROTA DE 2014 E A PRODUÇÃO DO GOLPE

O EXPERIMENTO DEMOCRÁTICO INICIADO NO BRASIL NA SEGUNDA

metade da década de 1980 sempre foi limitado. O acesso à cidadania política é igualitário apenas formalmente, uma vez que os recursos para influenciar nas decisões públicas, como o poder econômico ou o acesso aos meios de comunicação, estão concentrados nas mãos de poucos. Esses poderosos estão acostumados a impor restrições, tácitas ou explicitadas, ao exercício da soberania popular. São problemas comuns a todos os países em que as regras democráticas precisam se adaptar às estruturas de dominação que organizam a sociedade – capitalismo, sexismo, racismo. Mas eles se tornam mais agudos quando, como é o caso brasileiro, os grupos privilegiados são muito ciosos das hierarquias sociais e mostram baixa tolerância à igualdade.

O PT no poder demonstrou ter entendido que esses limites estavam em vigor e optou por se curvar a eles, priorizando mudanças de baixa intensidade, que permitissem enfrentar as privações mais graves das populações despossuídas sem ameaçar a reprodução da dominação social. Mesmo assim, foi apeado do governo, em ação extraordinária que desrespeitou a legalidade. Sua prudência foi insuficiente. Talvez seja possível afirmar, sobre os limites que os grupos dominantes impõem à democracia, algo similar ao que Claus Offe disse sobre o poder que a burguesia tem de definir o nível mínimo aceitável para a remuneração do capital: "o que eles *consideram* uma carga [tributária] insuportável é efetivamente uma carga insuportável, que conduzirá *de fato* a uma baixa da propensão a investir" (Offe, 1997 [1984], p.84). Não há um critério externo à sensação de satisfação ou risco.

O motor do *impeachment* foi essa percepção, por parte dos grupos dominantes, de que era necessário interromper o ciclo petista – e a persistência desta visão é essencial para explicar, em 2018, a recusa por aceitar o diálogo com o moderado Fernando Haddad e a consequente opção por um candidato tão obviamente despreparado e instável quanto Jair Bolsonaro. Não pretendo aqui reconstituir os fatos que levaram à deposição de Dilma Rousseff, nem como, ao longo desta trama, foram muitas vezes rompidos os limites da lei, da ética e do decoro (as fragilidades da peça jurídica que embasou o processo, as motivações de Eduardo Cunha, as manobras de Michel Temer). Pretendo, isso sim, identificar uma sequência de quatro movimentos que levaram à ruptura da conciliação petista, culminando com a ruptura da própria democracia.

1) No início de seu primeiro mandato, Dilma Rousseff julgou que poderia introduzir algumas mudanças no pacto que herdara de Lula, acendendo sinais de alerta e revigorando a hostilidade de grande parte dos aliados de ocasião. 2) Os protestos populares de 2013, conhecidos como "jornadas de junho", revelaram a crescente fissão entre o PT e uma larga fatia de sua presumida base eleitoral. 3) No ano seguinte, a derrota eleitoral da direita, em certa medida surpreendente, ampliou sua frustração com as regras vigentes. 4) A capitulação de Dilma, no início do segundo man-

dato, minou o apoio da base social que ela poderia mobilizar em defesa da legalidade. A esses quatro movimentos, é preciso acrescentar o papel dos interesses internacionais e também a atuação seletiva do aparato repressivo do Estado. É esse conjunto de fatores que será analisado neste capítulo.

Dilma Rousseff chegou à Presidência por efeito do escândalo do mensalão, que atingiu em cheio a cúpula petista e retirou do páreo os principais pretendentes do partido à sucessão de Lula. Ministra de perfil mais técnico, apesar da longa militância na esquerda, conquistou a estima do presidente por seu desempenho no governo. Sem nunca ter concorrido a uma eleição antes, enfrentava a desconfiança da elite política em geral, incluindo seus próprios correligionários, diante dos quais sofria ainda com o agravante de não ser petista de raiz – havia sido filiada inicialmente ao PDT de Leonel Brizola. Sua vitória em 2010 foi em geral creditada ao patrocínio de Lula, uma interpretação que por vezes é tingida de sexismo, mas que encontra fundamento na realidade: ela entrou na campanha como uma quase desconhecida, ele era o maior líder popular da história do país.

No governo, Dilma julgou que era possível introduzir algumas mudanças em relação ao arranjo lulista que herdara, sempre com prudência. Uma delas foi confrontar alguns dos esquemas de corrupção presentes em áreas sensíveis do Estado brasileiro. A faceta mais visível foi a chamada "faxina ética", que levou à demissão de vários ministros sobre os quais pesavam denúncias de corrupção – foram seis só no primeiro ano de governo. A presidente construiu a imagem de enérgica no combate à corrupção, o que lhe valeu ganhos de popularidade. Ao mesmo tempo, permanecia o loteamento dos cargos entre os partidos da base aliada. O horizonte parecia ser o de um governo "limpo" (sem roubalheira) mas sustentado pela política "suja" (do toma lá dá cá): a classe política podia continuar a parasitar o Estado, mas dentro de certos limites. Sem tanta visibilidade quanto as mudanças ministeriais, mas prenhe de maiores consequências, foi o afastamento de alguns dos principais operadores dos esquemas de corrupção nas empresas estatais.

A relação de Dilma com os integrantes da elite política nunca foi fácil, pelo perfil técnico, por traços de personalidade da presidente e mesmo pelo fato de ser mulher, dificultando a integração num ambiente tão marcado por um *éthos* masculino e sexista – de fato, junto às lideranças políticas, tanto quanto nas ruas, nas redes sociais e na mídia, houve um significativo traço misógino na desqualificação da presidente. A situação só se deteriorou com a tentativa de mexer em alguns dos esquemas consolidados de rapinagem, bem como pela pouca disposição para demonstrar solidariedade com os abatidos por denúncias.

A outra mudança que Dilma tentou introduzir foi na política econômica. Como avanço em relação ao período anterior, ela tentou promover o que André Singer chama, prudentemente, de um "ensaio desenvolvimentista" – um ensaio, já que a chamada "nova matriz econômica" não representou um enfrentamento cabal com o rentismo, nem um mergulho numa política desenvolvimentista plena, mas uma espécie de tateio para verificar as possibilidades de caminhar nessa direção. Seja como for, houve um esforço para reduzir a taxa de juros, que no Brasil permanece em patamares estratosféricos há décadas. O objetivo era favorecer o investimento produtivo em detrimento da especulação financeira, cuja remuneração seria reduzida. Para tanto era necessário também trabalhar com metas inflacionárias mais elásticas, a fim de não restringir a capacidade de intervenção do governo, e desvalorizar a moeda, duas medidas que facilmente seriam vendidas ao público como indícios de "descontrole" da economia. Ao mesmo tempo, o "novo" desenvolvimentismo, ao contrário do antigo, não desafiava o modelo de inserção do país na economia internacional e privilegiava a exportação de *commodities*.

Na queda de braço com o sistema financeiro, Dilma pensava contar com o apoio dos dois setores objetivamente beneficiados com a nova matriz econômica: a classe trabalhadora e a burguesia produtiva. O apoio dos trabalhadores foi tímido, o que reflete tanto a incapacidade de mobilização popular, que é uma das características definidoras do lulismo, quanto a ambivalência das cúpulas sindicais gestoras de fundos de pensão em relação ao enfrentamento com o rentismo. Mas o principal percalço foi a ausência de apoio do patronato, reencenando a tragédia permanente da esquerda brasileira: ela prepara tudo, mas a burguesia sempre falta ao encontro. Quer por suas vinculações com o capital financeiro, quer por seu temor diante de um governo que se mostrava capaz de orientar eficientemente a economia, a burguesia produtiva não se empolgou com a mudança na política econômica. Singer anota que, ao mesmo tempo que enfrentava a batalha da taxa de juros, o governo colidiu com empresas do setor produtivo, impondo limites aos ganhos de concessionárias em setores como energia elétrica ou transporte. Com isso, reduziu sua base potencial de apoio e "catalisou a solidariedade intercapitalista" (Singer, 2016, p.51).

O enfrentamento ao rentismo foi dificultado também pelo fato de que seus interesses e a crença nas receitas da ortodoxia econômica estavam enraizadas em setores do governo, levando a medidas contraditórias. A batalha já estava praticamente perdida quando eclodiram os protestos de rua que sinalizaram que, para largas parcelas da população, as reformas restritas do lulismo eram insuficientes. As "jornadas de junho" foram um fenômeno complexo, cujo primeiro resultado foi revelar que os modelos com os quais os analistas políticos em geral trabalham, restritos às instituições, são insuficientes para apreender a dinâmica do conflito social.

As manifestações contra o aumento nas passagens do transporte coletivo ganharam dimensão maior do que a esperada, num processo que é possível dividir em três momentos (ainda que a cronologia não seja rígida). Primeiro, a adesão superou, e muito, a capacidade de organização do Movimento Passe Livre (MPL). Depois, a pauta foi ampliada, demonstrando a insatisfação não só com o transporte, mas com os serviços públicos em geral. Por fim, os protestos foram parcialmente colonizados por uma pauta antipolítica e de combate à corrupção, própria do registro discursivo mais conservador, com a adesão de setores da classe média.

Do primeiro para o segundo momentos, ocorre a indicação de que a base social dos governos petistas queria mais do que estava sendo oferecido a elas. Embora haja um toque de exagero na imagem apresentada por Ruy Braga, de trabalhadores em condições cada vez mais precárias sendo tantalizados pela perspectiva de fazer um curso superior privado noturno com financiamento pelo FIES (Braga, 2016), o fato é que o arranjo lulista tanto privilegiou a oferta de empregos de baixa qualificação e baixo salário quanto tinha dificuldade de prover melhorias expressivas nos serviços socializados. A opção pela inclusão pelo acesso ao mercado satisfazia o compromisso de não interromper a privatização do fundo público. Mas o morador da periferia que comprou uma geladeira nova com subsídio governamental continuava precisando de educação, saúde e transporte.

Do segundo para o terceiro momentos, o que intervém é a compreensão, por parte da oposição de direita, que há uma fissura a ser explorada. A mudança na cobertura jornalística é reveladora. O registro da "baderna" foi substituído pelo da "mobilização cívica". Houve um grande esforço para separar a "minoria" de manifestantes violentos, que precisavam ser reprimidos, da maioria pacífica e respeitosa – desde então, a estigmatização dos adeptos das táticas de autodefesa *black bloc* serve para legitimar a repressão policial aos movimentos de rua. Os atos passaram a ser praticamente convocados por jornais e emissoras de televisão (prática que se repetiu durante o processo do *impeachment* de Dilma), que por vezes os transmitiam ao vivo e davam destaque desproporcional mesmo a pequenas passeatas com poucas dezenas de pessoas. Embora as redes sociais tenham sido ferramentas importantes na construção das mobilizações, o peso predominante da mídia tradicional na construção dos sentidos foi indiscutível.

Foi aberta uma disputa pelo sentido das manifestações, em que os organizadores iniciais, MPL à frente, tentavam reafirmar seu caráter progressista, ao passo que a mídia as enquadrava como uma demonstração de descrédito na política, com foco na corrupção dos funcionários do Estado. Elas teriam como pauta a derrubada da Proposta de Emenda Constitucional n.37, que restringia o poder do Ministério Público na condução de investigações criminais – o que impediria abusos, na visão de seus defensores, e protegeria os malfeitores, segundo seus adversários. O foco na PEC 37, algo bizarro, uma vez que era um assunto de interesse corporativo e localizado, serviu de teste para o discurso do "combate à impunidade", que desqualifica elementos do Estado de direito, como a presunção de inocência, o direito de defesa, o direito à privacidade e as regras para produção legal de provas, como sendo artifícios que servem apenas para impedir ou protelar a devida condenação dos corruptos.

Os grupos mais à esquerda viram nas jornadas de junho a possibilidade de construção de uma mobilização de massa com pauta radical, que desafiasse a moderação petista. A direita animou-se com o que indicava o declínio da "mágica" do lulismo. No meio do tiroteio, o PT ficou paralisado. Os movimentos populares sob influência petista se viram na obrigação de blindar o governo e, com isso, perderam a oportunidade de dialogar com os manifestantes. Ganhou corpo a tese de que eram mera massa de manobra da direita, deixando patente que, para muitos dos intelectuais do petismo, o caminho era não atrapalhar o trabalho do governo com reivindicações intempestivas. Junho de 2013 marca o aprofundamento da cesura entre o PT e os movimentos populares aos quais ele se propunha a dar voz quando nasceu.

De maneira similar, o governo Dilma Rousseff foi incapaz de encontrar sua posição nesse novo cenário. Sua resposta às manifestações foi sempre ziguezagueante; quando a presidente se manifestou em rede nacional de televisão, em 17 de junho de 2013, propôs "cinco pactos", uma mixórdia que incluía uma reforma política potencialmente democratizante, mas também aderia ao receituário conservador da "responsabilidade fiscal". Fora isso, promessas genéricas em favor da educação, saúde e mobilidade urbana. A preocupação da presidente e de seu círculo era reduzir os danos até as eleições presidenciais do ano seguinte – quando, se esperava, tudo voltaria à "normalidade".

A oposição de direita também viveu 2013 com os olhos postos em 2014. O desgaste da presidente, cujos índices de "popularidade" medidos por pesquisas de opinião caíram vertiginosamente, justificava a esperança de uma vitória nas eleições presidenciais. Em suma: toda a elite política tradicional, independentemente da coloração partidária, leu as manifestações pela chave do cálculo eleitoral.

O longo período no poder também desgastara a coalizão governante. No segundo mandato de Lula, já se desgarrara a senadora petista Marina Silva, preterida pelo partido para a sucessão presidencial. Ela se construiu como candidata com um discurso focado em dois eixos. Um, a denúncia da decadência ética da política, levava à ideia de superar a dicotomia esquerda-direita e, em particular, a polarização PT-PSDB. O outro era a defesa da ecologia. De fato, as administrações do PT apresentavam um registro muito negativo nessa agenda, espremida entre as concessões feitas ao capital e o desenvolvimentismo de quem desejava uma política econômica menos ortodoxa. Marina, ministra do Meio Ambiente por mais de um mandato, tinha assistido de forma quase passiva a este embate. Como candidata, apostou na ideia plástica do "desenvolvimento sustentável", que é a improvável compatibilização entre capitalismo e preservação da natureza.

Já no final do primeiro mandato de Dilma, quem abandonou a coalizão foi o Partido Socialista Brasileiro (PSB), para viabilizar a candidatura de seu chefe, o governador pernambucano Eduardo Campos, à sucessão presidencial. Apesar do nome, era um partido eclético, como tantos outros, reunindo posições à esquerda e à direita. Campos se aproximou de grupos empresariais, adotou uma plataforma liberal e, para efeito de campanha, também o discurso de superação da polarização PT-PSDB. Como se sabe, um conjunto de circunstâncias fez Marina Silva compor chapa com Campos e, com a morte do candidato em acidente aéreo, assumir a candidatura presidencial do PSB.

A presença de Eduardo Campos ou de Marina Silva permitia que uma parte do eleitorado abandonasse o PT sem ter que imediatamente cair nos braços de seu principal opositor. A cobertura da mídia subira o tom várias vezes, tanto sobre a corrupção, com os desdobramentos da Operação Lava Jato, quanto sobre a piora dos indicadores da economia, apresentada como consequência direta das medidas heterodoxas adotadas no início do governo Dilma. Os protestos de junho de 2013 permitiam que fosse explorado o argumento de que os serviços públicos não atendiam às expectativas da população, deslizando, no discurso da direita, para um flerte com o antiestatismo. Os setores da elite política tradicional que se haviam acomodado com o petismo migraram em grande medida para o outro campo, sentindo que os ventos mudavam, situação que ganhou uma imagem icônica quando o ex-presidente José Sarney foi flagrado na cabine eletrônica, portando um adesivo de Dilma, mas votando em seu adversário. Um adversário, Aécio Neves, que combinava a aparência "jovem" e "moderna" com a reputação, indevida mas solidamente sustentada na mídia, de grande administrador, por seus dois mandatos à frente do governo de Minas Gerais.

As eleições foram renhidas, com Dilma ganhando no segundo turno por uma diferença de pouco mais de três pontos percentuais. Para a direita, foi um balde de água fria: mesmo com a conjuntura favorável, com a erosão da base social petista e com o cerco da mídia e do aparato repressivo do Estado sobre o governo alcançando o zênite, a presidente se reelegeu. O título deste capítulo fala na "derrota de 2014" exatamente por isso: o que impactou a conjuntura seguinte, mais do que a vitória do PT, foi a derrota de Aécio. Ao se ver batida pela quarta vez seguida, a direita se desiludiu da via das urnas. Rompeu-se o consenso procedimental, aquele que diz que não há alternativa a não ser jogar o jogo democrático – e se os resultados são frustrantes, o jeito é envidar esforços para melhorar a própria posição na próxima rodada, e não encontrar alguma maneira de virar a mesa. Esse consenso, que parecia ser uma grande conquista do regime que emergiu das ruínas da ditadura militar, mostrou-se frágil diante do novo revés tucano.

No dia seguinte ao segundo turno, com a vitória de Dilma já declarada, começaram as movimentações para impedir seu governo. No início, havia divisão entre os que queriam derrubá-la e aqueles que, julgando que este caminho era implausível, pensavam em mantê-la no cargo, mas sem condições de comandar o país, rejeitando suas propostas no Congresso e mantendo o acosso pela mídia e pelo Judiciário – conforme disse em março de 2015 o senador Aloysio Nunes Ferreira (PSDB-SP), candidato derrotado a vice-presidente na chapa de Aécio Neves, "não quero que ela saia, quero sangrar a Dilma". As ações pela destituição e a mobilização de rua serviriam a qualquer das duas opções. Prosperando, levariam à queda da presidente; caso contrário, iriam mantê-la acuada.

O PSDB acusou o resultado de ser fraudado, exigindo recontagem de votos. Logo em seguida, pediria à Justiça Eleitoral a cassação da chapa vitoriosa e iniciaria a articulação dos pedidos de *impeachment*. Subitamente, o Brasil voltava à situação de seu experimento democrático anterior, em que os partidos conservadores não se conformavam com os resultados das urnas e tentavam impedir a posse dos eleitos. Carlos Lacerda falava de Getúlio Vargas, em 1950: "Esse homem não pode ser candidato; se candidato, não pode ser eleito; se eleito, não deve tomar posse; se tomar posse, não deve governar". Com Dilma já reeleita, tratava-se de obstruir sua posse ou seu governo.[10]

Diante da agressividade crescente da direita, Dilma reagiu no modo automático do lulismo em ação: fazendo mais concessões. Foi notável o contraste entre o discurso adotado nos momentos finais da campanha, com clara guinada à esquerda, e as medidas anunciadas logo após a vitória, apontando para um ajuste fiscal recessivo e impopular. Não é novidade que haja essa *décalage* entre o que se promete no palanque e o que se faz no poder. Mais do que uma expressão da célebre *boutade* do ex-governador de Nova Iorque, Mario Cuomo, de que a campanha é poesia e o governo é prosa, há aí um indício da distância entre o princípio da soberania popular e a realidade das democracias limitadas, em que interesses minoritários têm enorme capacidade de influência. Em 2014, porém, a contradição se mostrou tão grande que autorizou falar em "estelionato eleitoral".

Já durante a campanha, porém, Dilma fizera acenos para acalmar o "mercado", anunciando, de maneira insólita, que no segundo mandato substituiria o ministro da Fazenda, Guido Mantega, principal expressão da nova matriz econômica no governo. E antes ainda, na composição dos apoios para a eleição, fragilizado pela defecção do PSB, o PT radicalizou sua opção de sempre, que era ceder tudo para garantir a Presidência. Isso incluía das alianças para os governos estaduais ao financiamento das candidaturas para o legislativo. Como resultado, junto com Dilma foi eleito o Congresso Nacional até então mais conservador da história.

Assim, o início do segundo governo Dilma foi marcado pela capitulação ao programa de seus adversários, com o duro ajuste fiscal comandado pelo novo ministro da Fazenda, um ortodoxo vinculado ao sistema financeiro; pela abertura do ministério a políticos conservadores e de menor expressão; e pela passividade diante da ofensiva retrógrada no legislativo, tanto no campo dos direitos quanto da soberania nacional. Mas as concessões não alcançavam mais seus objetivos. A fragilidade do governo deflacionava sua principal moeda de troca com a elite política, os cargos nos ministérios, autarquias e estatais. Era necessário conceder fatias cada vez maiores do Estado para obter apoios cada vez mais vacilantes, gerando um círculo vicioso.

A burguesia também mantinha posição ambígua sobre o PT. A combinação de lucros elevados, reprodução da acumulação intocada e paz social era atraente. Ao mesmo tempo, ela possui relações umbilicais com os dirigentes da oposição de direita e nunca deixou de desconfiar da vinculação histórica dos petistas com um programa político igualitário. A política de pleno emprego dava vantagens aos trabalhadores nas negociações com os patrões e a redução da vulnerabilidade social extrema prejudicava os vastos setores que se apoiam na superexploração da mão de obra. Creio que é incorreto ler a disputa PT-PSDB como sendo apenas "pela representação política do mesmo bloco burguês hegemônico, capitaneado pelo rentismo e suas alianças com os industriais e o agronegócio" (Demier, 2016, p.54). Ainda que o PT tenha se curvado à ideia de que não era possível uma substituição radical do bloco no poder, ele apontou (com Dilma) para uma mudança das posições relativas das diferentes frações da burguesia e (desde Lula) buscou redimensionar a fatia da riqueza destinada ao apaziguamento do conflito social. Tais divergências não são irrelevantes.

A Fiesp, cujo peso declinante na vida social leva a que se escore cada vez mais em sua presença junto à elite política paulistana, foi pioneira no estímulo às manifestações pela deposição da presidente, financiando-as generosamente e endereçando-as à defesa da redução do Estado e de uma política tributária regressiva. Os banqueiros foram mais cautelosos, não desprezando a possibilidade de manter o governo ainda mais rendido. Porém, no momento em que ficou claro que sua substituição estava ao alcance da mão – e que o PT estava cada vez menos capaz de fornecer a paz social –, a ambivalência se desfez e todo o capital se colocou a favor do golpe.

Se a capitulação não foi capaz de comprar os apoios pretendidos, por outro lado impediu que a base potencial do governo se mobilizasse em seu apoio. O lulismo sempre se caracterizou por seu caráter deliberadamente desmobilizador. E os 54 milhões de eleitores de Dilma não se sentiam motivados a defender uma presidente que implantava um programa recessivo e antipopular. O estelionato eleitoral também reduzia a força do discurso da legalidade. Dilma devia governar porque recebera um mandato popular: mas como justificar que ela estivesse governando no sentido contrário ao prometido ao povo? A posição possível para os apoiadores do governo – traduzida na faixa vista em algumas manifestações, "fica, Dilma, mas melhora" – exigia uma sofisticação política que não estava ao alcance da maioria. A presidente só alterou o rumo quando o *impeachment* já se mostrava inevitável, reconquistando parte da militância e assumindo uma postura de resistência ao golpe que pode engrandecer sua biografia, mas não mudou a história.

Um fator cuja importância no golpe ainda está por ser plenamente desvendada é a influência dos interesses estadunidenses. É certo que fundações privadas estrangeiras financiaram grupos de destaque na mobilização pelo *impeachment* (ver capítulo 3). Além disso, muitos dos operadores da Lava Jato participaram de programas de cooperação com os organismos repressivos dos Estados Unidos. É certo também que Washington se desagradou da política externa do governo Lula, que concedia maior atenção para as relações Sul-Sul e, em especial, para um bloco de "emergentes" com Rússia, China, Índia e África do Sul, com potencial para desafiar a hegemonia estadunidense. O toque nacionalista que tingiu políticas de investimento em infraestrutura ou de exploração do petróleo, sem falar no estímulo à criação de "campeãs nacionais" capazes de concorrer no mercado global (nos moldes coreanos), era outro ponto de discórdia. O episódio da espionagem sobre a presidente Dilma Rousseff revelou que o governo estadunidense agia em favor dos interesses econômicos que se sentiam ameaçados por decisões brasileiras. Por fim, cabe lembrar que figuras de proa do governo golpista, a começar pelos dois ocupantes do ministério das Relações Exteriores, José Serra e Aloysio Nunes Ferreira, tinham ligações fortes com os EUA e assumiam um discurso claramente entreguista.

As condições de 2016 diferem daquelas de 1964, mas não é demais anotar que os últimos anos testemunharam uma reversão da presença de governos independentes na América Latina. A onda de regimes nacional-reformistas caiu por meio de golpes parlamentares (Paraguai, Honduras e Brasil) e de reveses eleitorais (Argentina e Chile) ou está sob fortíssima pressão (Venezuela e Bolívia). Sem ignorar o papel desempenhado pelos conflitos internos ou os muitos problemas na condução dos governos ditos "progressistas", é fato que pelo menos as fundações privadas ligadas aos interesses empresariais estadunidenses têm agido intensamente em todos estes países e que, em espaço de tempo relativamente curto, verifica-se um realinhamento latino-americano com Washington. Tampouco se pode desprezar os fortes indícios tanto da preocupação dos Estados Unidos com o fortalecimento da Petrobras, alvo principal das denúncias de corrupção, quanto de sua ligação com vários dos principais operadores da Lava Jato. Para alguns analistas, o caso brasileiro se encaixa com perfeição no modelo de "guerra não convencional", adotado pelas forças armadas estadunidenses e que privilegia ações de desestabilização de regimes considerados hostis, sem intervenção militar.

Todos os fatores descritos até aqui confluíram para viabilizar o golpe, mas para que ele fosse efetivamente desfechado era necessário contar com operadores dentro do aparelho de Estado. Setores do Legislativo, do Judiciário e do próprio Executivo – como a Polícia Federal (PF) e o Ministério Público (MP) – trabalharam em conjunto para derrubar a presidente. O caso brasileiro ilustra tanto os limites da doutrina liberal da separação de poderes quanto o erro de conceber o Estado como estrutura piramidal, com um cume que, uma vez conquistado, garante o controle de todo o resto.

A separação de poderes foi introduzida na engenharia institucional como mecanismo para impedir a tirania, em oposição direta à doutrina absolutista da unicidade da soberania, por meio de freios mútuos que garantem a conservação do sistema político vigente. Mudanças teriam que ser obtidas de forma consensual. Por isso, é possível pensar que o integralista ensandecido, que foi a uma das primeiras manifestações pelo *impeachment* e fez um discurso deblaterando contra Montesquieu, não estava tão fora da realidade. Afinal, a divisão de poderes é entendida convencionalmente como um anteparo de proteção da legalidade.

Montesquieu é visto como o pai da separação de poderes, mas, de fato, sua visão é bem mais complexa. Para ele, o impedimento da tirania repousava antes na sobreposição de instituições que exerciam o Poder Legislativo, que ele julgava, acompanhando o pensamento de sua época, que era a sede da soberania. O parlamento bicameral e o poder de veto real garantiam que cada uma das três potências (*puissances*) da sociedade – povo, nobreza e rei – tivesse capacidade de impedir a adoção de políticas que contrariassem seus interesses. Qualquer lei, para ser adotada, precisaria da anuência de todas as três potências. É evidente o caráter conservador do arranjo: na ausência do consenso entre rei, nobreza e povo, permanece o *status quo*. O autor d'*O espírito das leis* revela assim sua posição favorável à aristocracia, concedendo esse poder de veto a uma classe decadente, que garantiria seus privilégios tanto contra o rei quanto contra o povo.

Mas nossa divisão de poderes descende, muito mais do que de Montesquieu, da Constituição estadunidense, que inspirou também nosso presidencialismo e nosso federalismo. A principal fundamentação doutrinária da Constituição dos Estados Unidos foi feita *a posteriori*, nos escritos federalistas, produzidos para defendê-la nos referendos que a ratificaram. Eles explicam que o objetivo da separação de poderes é criar um sistema de freios e contrapesos, baseado na máxima de David Hume, de que "só o poder controla o poder". O Executivo, o Judiciário e as duas casas do Legislativo, cada qual com seu fundamento próprio de legitimidade, deteriam recursos de poder suficientes para impedir a tirania de um deles. O motor é o interesse individual de cada um dos integrantes dos poderes; trata-se, como disse James Madison no *Federalista* n.51, de "fazer com que a ambição se contraponha à ambição" (Hamilton; Madison; Jay, 1990, p.163).

A engenharia institucional da *Constituição* dos Estados Unidos é sofisticada, muito mais sofisticada do que a doutrina da separação de poderes de Montesquieu. Mas sua sociologia é bem mais primária. Enquanto para o pensador francês nós temos forças sociais em conflito, a serem acomodadas com a capacidade de veto mútuo, os constituintes estadunidenses pensavam sobretudo em termos de ambições individuais.

Desta forma, a doutrina federalista toma como pressuposto a neutralidade do Estado. Mas, quando se leva em conta seu caráter de classe (e, podemos acrescentar aqui, seu caráter patriarcal e racializado), a separação de poderes ganha outro entendimento. Ela opera, sim, cotidianamente como forma de evitar abusos e prevenir a tentação de um despotismo pessoal. Nos momentos de crise, porém, funciona como mecanismo de proteção dos interesses dominantes. Isso é possível graças ao deslocamento do centro do poder (por exemplo, do Executivo para o Legislativo, deste para o Judiciário e daí, por vezes, para as Forças Armadas). Como disse Nicos Poulantzas, "a unidade centralizada do Estado não reside numa pirâmide, na qual bastaria ocupar o topo a fim de assegurar seu controle"; em vez disso, a organização do Estado "permite que ele funcione por meio de transferências e deslocamentos sucessivos, permitindo a mudança do poder da burguesia de um aparelho a outro" (Poulantzas, 2013, p.204-205).

A advertência de Poulantzas atinge um dos erros da estratégia petista, que era sacrificar tudo para garantir a Presidência – levando a que o partido se tornasse cada vez mais dependente de seus aliados de ocasião. Em 2014, a fragilização do partido e as concessões arrancadas pelos aliados fizeram o PT eleger 18 deputados federais a menos do que nas eleições anteriores (e perderia outras 12 cadeiras, em geral por migrações de legenda, em 2015 e 2016). Quando Dilma Rousseff agiu para tentar reduzir o peso do PMDB, que fizera bancada quase igual à petista, mas incorporava partidos menores de centro-direita como seus satélites, foi derrotada – tanto na eleição para a presidência da Câmara dos Deputados, quanto na pretensão de criar um grande partido conservador subordinado ao governo, sob a liderança de Gilberto Kassab, então tido por aliado fiel. Não foram apenas as derrotas; mesmo a mera iniciativa de buscar um caminho para se desvencilhar do PMDB foi creditada à inabilidade política do governo. O PT estava preso numa armadilha que ele mesmo criara.

Reduzida a cerca de 20% do Congresso, em contagem generosa, a esquerda não tinha força para barrar o golpe – o governo dependia de sua capacidade de atração da maioria de parlamentares oportunistas, capacidade que, como se viu, estava diminuída. Ao mesmo tempo, o Poder Judiciário ganhou crescente protagonismo na crise, de forma mais visível pelo ativismo de juízes de primeira instância, mas de forma crucial pela tolerância das cortes superiores.

Fala-se muito da chamada "judicialização da política". Por um lado, os atores políticos recorrem com frequência crescente ao Judiciário para resolver suas querelas – o que, no caso brasileiro, foi fomentado pelo instituto da Ação Direta de Inconstitucionalidade (Adin), previsto na Constituição de 1988. Por outro lado, as instâncias judiciais superiores passam a invocar uma capacidade de interpretação da lei que se torna verdadeiramente um novo poder legislativo. Exemplos, no caso brasileiro, são a chamada "verticalização" das coligações partidárias determinada pelo Tribunal Superior Eleitoral em 2002, a perda de mandato parlamentar por desfiliação partidária decidida também pelo TSE em 2007, a extensão do direito de aborto no caso de anencefalia fetal por decisão do Supremo Tribunal Federal em 2012 ou a proibição do financiamento empresarial de campanhas novamente pelo STF em 2015. Depois do golpe, o Supremo se afirmou superior até à determinação explícita do texto constitucional, ao permitir a prisão antes de esgotados os recursos cabíveis e, desta maneira, garantir a permanência de Lula na cadeia.

Independentemente do mérito das decisões, elas com certeza extrapolam o que era a intenção original do legislador. A judicialização da política tem como contraface, assim, o que alguns chamam de "politização do judiciário", expressão pouco feliz por assumir a ideia de que, em alguma condição ideal de "normalidade", o exercício da justiça não seria contaminado pela política.

O ativismo judiciário não é privilégio das cortes superiores. Até mesmo juízes de primeira instância podem tomar decisões de enorme repercussão coletiva – os casos de bloqueios de aplicativos de *smartphones* com milhões de usuários servem de exemplo. Na crise política brasileira, o juiz paranaense Sérgio Moro ocupou posição central, ao liderar a Operação Lava

Jato. Embora a justificativa para o *impeachment* da presidente Dilma Rousseff nada tivesse a ver com a operação, apoiando-se em operações de crédito junto a bancos estatais (as chamadas "pedaladas fiscais"), ela foi instrumental para criar o clima de opinião que sustentou a derrubada do governo. Declaradamente inspirado na operação italiana Mãos Limpas, Moro julgava que é importante dar grande visibilidade midiática e obter o "apoio da opinião pública" ao combate à corrupção.

A Lava Jato revelou parte da corrupção sistêmica da política brasileira, por meio de operações espetaculares que, no entanto, atingiram apenas os partidos da base do governo Dilma Rousseff. Seu *modus operandi* privilegiado, a "delação premiada", dá grande margem a que o agente da lei oriente o curso da investigação. Foram frequentes as acusações de que denúncias que alcançavam os governos anteriores e/ou atingiam os líderes da oposição de direita não eram levadas adiante. Em vários momentos, a atuação do juiz Sérgio Moro se mostrou claramente casada com o cronograma da derrubada da presidente, culminando na divulgação do áudio de uma escuta telefônica ilegal, com uma conversa entre Dilma e Lula. Embora o juiz tenha sido obrigado a um pedido de desculpas e ao reconhecimento de que a divulgação da conversa fora "equivocada", continuou chefiando a operação.

Após o golpe, ele continuou pautando sua ação pela necessidade de impedir uma nova vitória do PT. Lula foi condenado em prazo recorde, a fim de garantir sua inelegibilidade, com sentença fragilíssima que lhe atribui "atos indeterminados". A divulgação de trechos da delação de Antonio Palocci, em plena campanha eleitoral de 2018, e o brutal esforço para impedir a libertação do ex-presidente são outros exemplos cristalinos. Convidado por Jair Bolsonaro ainda durante a campanha, tornou-se ministro da Justiça do governo da extrema-direita, o que serve de comprovação final, se alguma comprovação ainda fosse necessária, da motivação política de suas ações. Em junho de 2019, a divulgação de conversas privadas mantidas ao longo de toda a investigação e julgamento entre Moro e integrantes do Ministério Público, pelo site jornalístico *The Intercept Brasil*, demonstrou que o juiz agia em parceria com a acusação, ferindo o princípio mais elementar do processo penal, e que a decisão de condenar Lula antecedia o exame das provas. A Lava Jato foi – ou ao menos incluiu – uma conspiração contra a democracia no Brasil.

Como um juiz de primeira instância acumula tamanho poder? A resposta se vincula tanto às peculiaridades da organização do Poder Judiciário no Brasil, quando à bem-sucedida ofensiva do juiz Sérgio Moro junto à opinião pública, com o apoio entusiástico e unânime dos meios de comunicação hegemônicos. Ele se tornou o emblema vivo do combate à corrupção e, portanto, intocável. E por que as instâncias superiores do Judiciário não intervieram, diante de abusos tão patentes nas investigações? A questão é mais intrigante quando se lembra que, dos onze ministros do Supremo Tribunal Federal no período, oito foram nomeados por Lula ou por Dilma. Ao que parece, o STF não ficou imune ao clima de opinião formado a partir da Lava Jato – e a vulnerabilidade aumentada à pressão da "opinião pública" e da mídia é uma das características do Judiciário ativista. O que é ainda mais importante, os governos petistas não foram capazes de apresentar indicações para o Supremo que estivessem à margem do *establishment* jurídico e político. Ao contrário, optaram, quase sempre, por demonstrar moderação, preferindo juristas conservadores e com trânsito nos partidos de direita. Também aqui a política de conciliação cobrou seu preço.

Algo parecido pode ser dito do Poder Executivo. É bem verdade que seu cume – a Presidência da República – foi o alvo do golpe de 2016, consumado com a deposição da presidente escolhida pelo voto popular nas eleições de 2014. Isso não quer dizer que o executivo tenha estado alheio à trama golpista. Duas de suas instituições, o Ministério Público Federal e a Polícia Federal, desempenharam papéis centrais (sem falar do vice-presidente, Michel Temer, que não deixou passar a oportunidade e fez de seu gabinete um centro de articulação da desestabilização do governo).

Tanto o MPF, que se tornou quase um novo poder tamanhas foram as prerrogativas que ganhou com a Constituição de 1988, quanto a PF agiram com enorme autonomia nos governos do Partido dos Trabalhadores, que também concedeu a eles melhores condições para o exercício de suas atividades. A não interferência, que chegava ao ponto de fazer que os chefes dos órgãos fossem eleitos por seus integrantes, contrastava com a gestão dos governos anteriores – Geraldo Brindeiro, o procurador-geral da República durante os mandatos de Fernando Henrique Cardoso, foi apelidado de "engavetador-geral", uma vez que não dava prosseguimento a nenhuma denúncia contra o governo.

A independência concedida ao MPF e à PF foi simultaneamente uma concessão (diante das dificuldades do PT para controlar setores nevrálgicos do aparato de Estado), uma forma de responder às acusações de "aparelhamento" do governo e um reflexo da permanência de um ideal republicano em parte da liderança do partido. De um ponto de vista abstrato, tal ideal é inatacável. Na prática, porém, as ações do Ministério Público Federal e da Polícia Federal são influenciadas de diferentes maneiras. Há os interesses corporativos, que se manifestaram em exigências por carreiras ainda mais privilegiadas, salários ainda mais altos e autonomia operacional ainda maior e que – ao não serem atendidas – geraram oposição ao governo. (O fato de que essa insatisfação não se manifestava de forma tão aguda nos governos pré-petistas parece corroborar a velha tese da "espiral ascendente das expectativas".) Tanto quanto muitos dos juízes, estes delegados e procuradores aderem a um discurso meritocrático arrevesado, que Jessé Souza bem caracterizou como "legitimação pelo 'concurso'" e que é sintetizado na ideia de que as vantagens do cargo são a justa paga pelos sacrifícios realizados para passar em seleções públicas muito disputadas (Souza, 2016, p.121). Há também a posição de classe deles, solidários aos setores médios que se sentiram ameaçados com o pequeno avanço que os mais pobres tiveram sob os governos de Lula e Dilma. O fato é que, de dentro do Poder Executivo, setores importantes do MPF e da PF participaram ativamente, em colaboração com o Judiciário, da trama que levou à derrubada do governo eleito.

Foi nestas circunstâncias que se produziu o golpe. Sua forma específica se deve às peculiaridades da conjuntura, às características de seus protagonistas, aos equívocos do momento. Mas suas raízes estão nas fragilidades do arranjo democrático brasileiro, sua vulnerabilidade aos vetos das classes dominantes. O PT buscou o caminho de maior prudência, para introduzir transformações sociais muito modestas, e chegou a este resultado. Não se trata de dizer que uma opção pelo confronto venceria: o avesso do errado não necessariamente dá certo. É preciso entender quais são esses obstáculos, extrair as lições que a experiência petista fornece e, a partir daí, tentar uma vez mais dar resposta à velha questão: o que fazer?

6

CONCLUSÃO: O FUTURO DA RESISTÊNCIA DEMOCRÁTICA

NUMA TIRINHA DA *MAFALDA*, FELIPE LÊ A INSCRIÇÃO NO PEDESTAL

de uma estátua, que descreve o homenageado como "lutador incansável" – e desdenha, afinal, difícil mesmo é "estar cansado e continuar lutando". É a sensação do momento: uma fadiga enorme, diante de um cenário de derrotas sofridas e antecipadas. E também de necessidade de uma enorme força de vontade para não abandonar uma batalha em que parece que a única vitória que se almeja é não recuar mais.

O momento brasileiro é de retrocesso generalizado. O golpe de 2016 retirou do poder uma presidente que dispunha da legitimidade conferida pelas urnas, sem que sua destituição encontrasse respaldo na Constituição. Rompeu-se o pacto que, bem ou mal, regia a vida nacional e impunha limites à expressão do conflito político.

Juntou-se, para promover a destruição da democracia, uma aliança eclética, que só a presença de um inimigo comum foi capaz de unir. Há a fração da elite política que viu na destituição de Dilma Rousseff uma oportunidade para frear as investigações sobre corrupção, grupo que era liderado pelo próprio Michel Temer e por outros caciques do PMDB. Há o segmento mais vinculado ao capital internacional, empenhado em abrir o patrimônio nacional à exploração por interesses estrangeiros, cujo núcleo central estava no PSDB paulista, nas figuras de José Serra, Aloysio Nunes Ferreira e outros, e agora fala pela boca do ministro da Economia, Paulo Guedes. Há os setores empresariais do campo e das cidades interessados no retrocesso nas relações capital-trabalho.

No processo, grupos que eram vistos apenas como instrumentais – para garantir a manutenção da pressão política no nível desejado, para servir de tropa de choque do combate ao campo popular – acabaram ganhando um protagonismo que muitos dos idealizadores do golpe não esperavam. A candidatura de Jair Bolsonaro reuniu estes setores e marcou o golpe com um extremismo direitista que trabalha contra a normalização de uma nova ordem "híbrida", de uma democracia tutelada, menos que formal, que parecia ser o projeto inicial dos que chegaram ao poder em 2016. São os saudosos da ditadura militar, como o próprio ex-capitão; fundamentalistas religiosos; adeptos de teorias conspiratórias que seguem o lunático guru Olavo de Carvalho; e os procuradores e juízes que veem a si próprios como predestinados a salvar o Brasil da chaga da corrupção, graças ao uso de um poder repressivo sem limites.

Como resultado, o retrocesso brasileiro se viu constrangido a se expor em toda sua nudez: antidemocrático, hierárquico, misógino, racista, homofóbico, anti-intelectualista, violento. Vivemos em um mundo em que a democracia liberal está em crise profunda e líderes com discurso abertamente autoritário chegam ao poder por meio de eleições: na Hungria, na Polônia, na Turquia, nas Filipinas, na Itália, nos Estados Unidos. Ao eleger Bolsonaro, o Brasil assumiu a "vanguarda" deste processo, com um presidente que combina evidente limitação intelectual, zelo pela reprodução das exclusões sociais e exaltação da violência, num governo que em parte se guia por teorias conspiratórias, em parte promove a agenda mais dura do capital financeiro.

O golpe de 2016 não foi dado para colocar Bolsonaro no poder. O ex-capitão e seus apoiadores sempre foram personagens secundárias na trama protagonizada pela velha elite política, grandes empresas, interesses estadunidenses, grupos de mídia e o aparelho repressivo do Estado. Mesmo o juiz Sérgio Moro, que depois se tornou ministro da Justiça com o papel de conferir um "aval ético" ao clã Bolsonaro, notoriamente envolvido com a corrupção miúda dos gabinetes e a violência grossa das milícias, era antes visto por todos como um operador político do PSDB. Mas, embora o golpe não projetasse o triunfo de Bolsonaro, este triunfo seria impensável sem o golpe.

Foi ele que promoveu a degradação do debate público, a ampliação da violência seletiva das instituições e o retorno da intimidação aberta como instrumento da luta política. Foi ele que abriu as portas para o combate à igualdade e à solidariedade como valores, substituindo-as pelo mito da "meritocracia", que é a lei da selva no mundo social; ao discurso dos direitos, apresentados não como conquistas a serem universalizadas, mas como "privilégios"; e à vigência das liberdades, que ameaçam a permanência de uma ordem hierárquica e excludente definida pela tradição.

O que se presencia, portanto, é o desfiguramento da ordem democrática que a Constituição instituiu no

Brasil. A carta de 1988 não foi revogada, mas opera de maneira deturpada e irregular, mesmo no que se refere às garantias mais fundamentais. Um caso emblemático foi a decisão do Tribunal Regional Federal da 4ª Região, no dia 22 de setembro de 2016, concedendo a Moro poderes de exceção. O tribunal alegou que as características excepcionais das questões nas quais estava envolvido o magistrado tornariam facultativo, para ele, o respeito às regras processuais vigentes. É a própria definição de exceção. Na prática, as garantias constitucionais ficaram suspensas para qualquer um que fosse alvo do então juiz curitibano.

Outro exemplo importante é a decisão do STF, em 4 de abril de 2018, permitindo a prisão de Lula, em contradição patente com o artigo 5º da Constituição Federal. Em vários momentos subsequentes, a libertação do ex-presidente foi impedida por manobras jurídicas inusuais ou irregulares, em alguns casos acompanhadas de "avisos" da cúpula do Exército. Em suma, lei e Constituição vigoram – ou não – dependendo das circunstâncias e da interpretação que alguns, dotados desse poder, delas fazem.

Continuamos a ter eleições. No entanto, as condições da disputa, que sempre foram desiguais, dado o controle dos recursos materiais e dos meios de comunicação de massa, estão ainda mais assimétricas, com a campanha incessante de criminalização do Partido dos Trabalhadores e de todo o lado esquerdo do espectro político. Nas eleições presidenciais de 2018, o impedimento da candidatura de Lula foi essencial para garantir a vitória da direita. Caminhamos para uma situação de disputa eleitoral quase ritualística, com cerceamento das opções colocadas à disposição do eleitorado e tutela dos eleitos.

Essa criminalização do PT e da esquerda em geral é alimentada pelos meios de comunicação empresariais e pelos poderes de Estado – o governo Temer não se envergonhou de patrocinar uma campanha tendo por mote "tirar o país do vermelho", um sentido duplo facilmente decifrável. A agressividade crescente dos militantes da direita, produzida de forma deliberada, tenta emparedar as posições à esquerda, progressistas e democráticas, ao mesmo tempo que a cassação de registros partidários tornou-se uma possibilidade mais palpável.

O cerco ao ex-presidente Lula, em que uma parte importante do aparelho repressivo do Estado vem sendo mobilizada com o intuito de conseguir provas de uma culpa determinada de antemão, é outro sintoma claro de que deslizamos para um estado de exceção. Quando vigora o império da lei, a investigação sucede à descoberta de evidências que sustentem suspeitas. Se, ao contrário, decide-se promover uma devassa na vida de alguém na esperança de encontrar algo incriminatório, estando depois os juízes "condenados a condenar", como disse o próprio Lula, não temos mais a igualdade legal. O sistema judiciário funciona na sua aparência, mas perdemos a possibilidade de evocar os valores que deveriam presidi-lo a fim de garantir a vigência das liberdades.

Há um alinhamento dos três poderes em torno de um projeto claro de retração de direitos individuais e sociais, a ser implantado a qualquer custo. E também a paulatina redução da possibilidade do dissenso, que vem aos poucos, mas continuamente. Dentro do Estado, do Itamaraty aos órgãos de pesquisa, não há praticamente espaço em que a caça às bruxas não seja pelo menos insinuada. Vista como foco potencial de divergências, a pesquisa universitária está sendo estrangulada. Decisões judiciais coibindo críticas – em primeiro lugar ao próprio Judiciário e seus agentes, mas não só – tornaram-se cada vez mais costumeiras. Juízes e procuradores, embalados pela onda da campanha mistificadora do Escola Sem Partido, intimidam professores e estudantes que queiram debater em escolas e universidades. Está em curso todo um processo de normalização do silenciamento da divergência.

O avanço da censura está ligado à imposição da narrativa única pelos oligopólios da comunicação, parceiros de primeira hora da ditadura em implantação. Isso se dá em várias frentes. Há o estrangulamento econômico dos meios de comunicação independentes, uma política que foi buscada deliberadamente pelo governo Temer – que, ao mesmo tempo, ampliou de forma significativa a remuneração oferecida aos grupos da mídia empresarial – e, de maneira distinta, por Bolsonaro, que busca negociar com os grandes conglomerados a partir de uma posição de força e banir mesmo as críticas mais superficiais. Enquanto isso, o combate às *fake news* e ao impulsionamento delas por meio de redes fartamente financiadas por setores do empresariado, que já se demonstrou ser parte importante do crescimento político da extrema-direita, nunca passou de discurso vazio.

Um elemento importante é o caráter misógino do retrocesso. O golpe retirou da presidência uma mulher, e o fato de que era uma *mulher* não foi irrelevante. Não se trata apenas do processo de construção da derrubada de Dilma, com um discurso em que o preconceito de gênero ocupou lugar de destaque. Os governos pós-golpe se comprometeram com o retrocesso na condição feminina, com o reforço de sua posição subordinada e do fechamento da esfera pública a elas – desde o ministério Temer, formado, no primeiro momento, apenas por homens brancos, até o retorno do chamado "primeiro-damismo", em que o papel concedido à mulher na política é o da bem-comportada auxiliar de seu marido, sorrindo nos jantares e patrocinando programas assistenciais. Além disso, há o recrudescimento do discurso familista, que é aquele de exaltação da família tradicional, marcada exatamente pela submissão da mulher, que encontra sua manifestação mais folclórica nos pronunciamentos de Damares Alves, ministra dos Direitos Humanos, da Família e da Mulher do governo Bolsonaro.

Esse discurso não ressurge por acaso ou apenas por algum tipo de reacionarismo atávico dos novos donos do poder, mas vinculado à política de retração do investimento social e de destruição do nosso incipiente sistema de bem-estar social. Com isso, a responsabilidade pelo cuidado com os mais vulneráveis recai integralmente sobre as famílias, isto é, sobre as mulheres. Ao mesmo tempo, o Estado deixa de reconhecer a dupla jornada de trabalho, buscando revogar o dispositivo que permite às trabalhadoras se aposentar mais cedo.

Diante deste cenário, ainda podemos falar em democracia no Brasil? As respostas possíveis não se resumem a "sim" ou "não": formam um gradiente. Sob uma perspectiva muito exigente, não poderíamos falar em democracia mesmo para o período anterior ao golpe de 2016. A capacidade de influência política sempre foi distribuída de forma muito desigual, a vigência dos direitos civis nunca esteve plenamente garantida para a população preta, pobre e periférica. Se, para quem olha com os olhos do ideal clássico, todos os regimes ocidentais deveriam ser chamados de "oligarquias liberais" em vez de "democracias" (Vidal-Naquet, 2002 [2000], p.14), o Brasil acrescenta à mistura a sua desigualdade social gigantesca e a herança de uma sociedade que sempre prestigiou relações hierárquicas e autoritárias. Por outro lado, permanecem no Brasil muitos aparatos do regime representativo liberal, isto é, do regime que a linguagem comum reconhece como democrático no mundo contemporâneo, ainda que menos dotados de efetividade.

Em suma: saímos de uma democracia muito insuficiente para um regime pior ainda. Demos passos na direção de uma ditadura, mas não trilhamos todo o caminho. Estamos entrando no finalzinho do gradiente, no lusco-fusco, entre uma democracia que já não é e uma ditadura que ainda não pode ser.

É necessário repensar, em primeiro lugar, a relação entre o projeto da esquerda e a democracia eleitoral (e a institucionalidade que a cerca). O sufrágio universal foi uma conquista popular, arrancada depois de muita luta contra regimes liberais que, sob variados pretextos, limitavam o direito de voto aos proprietários, aos homens, aos brancos. Ele alimentava o temor (ou, para muitos pensadores socialistas, a esperança) de que os mais pobres aprenderiam a usar sua força numérica para escolher governos que implantassem medidas de redistribuição radical da riqueza. Por isso, um liberal progressista, como John Stuart Mill, defendia o sufrágio universal, mas combinado com um sistema que daria mais peso aos votos dos mais "esclarecidos" – ou diretamente dos mais ricos (Mill, 1995 [1861]). Como visto no primeiro capítulo, a democracia representativa logo se mostrou vulnerável às diversas desigualdades sociais, acomodando-se a elas.

Isso não quer dizer que o direito de voto seja irrelevante. Ele obriga a que os interesses dos dominados sejam levados em conta, ainda que marginalmente, e pode desorganizar o jogo político das elites com surpresas que emergem de baixo. Apesar de todos os seus limites, há mesmo uma certa pedagogia no processo eleitoral, que permite que os mais pobres identifiquem políticas que os beneficiam e premiem quem as adota – e foi nisso que o PT apostou. No entanto, ela é acompanhada do treinamento para a atuação política de baixa intensidade e para a fraca mobilização popular. Na hora em que a institucionalidade vigente é quebrada, a capacidade de resistência se mostra fraca.

A aposta exclusiva na expressão eleitoral revela uma fé no funcionamento das instituições que é, para dizer o mínimo, ingênua. Como se elas pudessem agir de forma neutra e encarnassem sem ruídos os valores que afirmam perseguir. Porém, as instituições são "seletivas", na medida em que estão programadas para responder mais a alguns interesses e menos a outros. Longe de encarnar valores universais, o Estado se apresenta como a materialização de uma determinada relação de forças, donde se conclui que, para os dominados, a tarefa é reconfigurá-lo de maneira a torná-lo menos desfavorável a eles. Isto é: a institucionalidade tem lado e qualquer mudança precisa ser ancorada do lado de fora dela.

O processo eleitoral age como um buraco negro da política, capturando todas as energias e esperanças de quem está à sua volta. Por um lado, vende a ilusão de que a conquista de uma maioria eventual garante a transformação do mundo social; por outro, estimula a competição interna e o personalismo no campo popular. No Brasil, as eleições municipais de 2016 tiveram como efeito líquido retardar a resistência contra os retrocessos patrocinados pelo governo golpista e aprofundar a desunião entre os partidos de esquerda. Passada a disputa pelas prefeituras, permaneceu o foco na campanha presidencial de 2018, como se a vitória de Lula ou de outro candidato progressista representasse o retorno à ordem pré-golpe e como se a realização do pleito significasse que a ordem democrática representativa estivesse restaurada. Esta é outra função das eleições, aliás: promover a "relegitimação" de regimes que enfrentam a desconfiança da população.

Não se trata de ignorar as eleições, mas sim de não vê-las como o objetivo principal. A resistência que vier das ruas há de se espelhar nas urnas – mas o polo dinâmico, que imprime a direção, precisa estar sempre nas ruas. Em suma, há necessidade de não reduzir a luta política à sua dimensão eleitoral ou mesmo institucional. Sem a pressão dos movimentos populares, inclusive por meios extrainstitucionais, os avanços possíveis serão necessariamente limitados e frágeis. O repertório de atuação dos setores populares inclui ocupações, greves, sabotagens, formas de desobediência civil. Mas é bom lembrar que os dominantes também não se furtam a agir por fora das regras instituídas ou nas suas brechas. Entre as ações que violam a lei, estão da sonegação e da corrupção ao uso de jagunços ou milícias armadas. Há também as múltiplas formas pelas quais, em todas as esferas de relações cotidianas, a força do dinheiro se faz sentir, rompendo a igualdade que pretensamente imperaria, de uma maneira que nem é percebida como transgressora. Como escreveu a romancista espanhola Belén Gopegui (2014, p.157), "no capitalismo o dinheiro não é troca, é violência".

O caso brasileiro ilustra, com particular pertinência, um problema geral que é o nó nunca desatado da relação entre capitalismo e democracia (ver capítulo 1).

A possibilidade de democracia depende do enfrentamento permanente com a lógica social do capitalismo, o que inclui tanto a desigualdade material quanto a dinâmica de privatização do mundo, monetarização das relações e competição entre as pessoas. Este enfrentamento não é facultativo. Caso não haja espaço para outras formas de cooperação social, além daquelas orientadas para o mercado, a democracia estará condenada a ser apenas um verniz institucional para práticas que nada correspondem a seus ideais.

A insanidade autoritária corporificada no governo Bolsonaro pressiona o campo popular a assumir, como bandeira prioritária, talvez única, o retorno à democracia que estamos perdendo. Em uma frente ampla, incluindo todos os setores que, embora avalizem o projeto de retirada dos direitos da classe trabalhadora e ampliação da insegurança social, não querem abrir mão de certo verniz liberal. Esta é uma armadilha a ser evitada. Não há possibilidade de real retorno à democracia se o campo popular não for novamente aceito como interlocutor legítimo da disputa política – com sua agenda, seu projeto, suas reivindicações e suas lutas. E não há possibilidade de democracia real em um país como o Brasil sem o enfrentamento das desigualdades. O ciclo petista provou que mesmo a maior moderação não evita o confronto aberto entre a democracia e a desigualdade social, que marca toda a nossa história.

A velocidade com que o retrocesso está sendo implementado não encontra resposta à altura por parte dos movimentos populares. Já indiquei, mais de uma vez, que parte da explicação para isso reside no caráter desmobilizador dos governos do PT. Outra parte se vincula à desconfiança crescente que cerca os instrumentos tradicionais de organização política, em especial os partidos e os sindicatos. Há aí efeito tanto das circunstâncias brasileiras quanto de modificações mais gerais nas formas do ativismo político.

Em relação ao Brasil, é impossível ignorar o fato de que a acomodação do PT às práticas dominantes do fazer político frustrou toda uma geração de militantes. Para muitos petistas, sua opção política significou enormes sacrifícios pessoais – foram perseguidos em locais de trabalho, preteridos em promoções, demitidos – feitos em nome da utopia de uma transformação radical do mundo. O partido que chegou ao poder não correspondia a isso. Mesmo para quem não teve tal militância, a adequação do PT à moderação, à barganha imoderada e à corrupção representou a demonstração de que, afinal, todos os partidos eram mesmo iguais. Esse desencanto ajuda a explicar por que um partido como o PSOL não foi capaz de mobilizar sequer uma fração dos entusiasmos que o PT inicial suscitara.[11]

Em paralelo, os governos petistas contribuíram para a desidratação da Central Única dos Trabalhadores (CUT), que adota um sindicalismo oficialesco e pouco capaz de luta. Mas é preciso lembrar também do fato de que há uma crise mundial dos sindicatos, que sofrem com a mundialização do capital, à qual têm dificuldade de reagir, e com a montante das políticas repressivas do patronato contra a filiação e a mobilização nos locais de trabalho. O aburguesamento de uma aristocracia operária e a precarização de boa parte da classe trabalhadora restante fragilizam a identidade de classe.

Da mesma maneira, a forma "partido político" enfrenta desafios que ultrapassam os problemas do PT. Sua estrutura centralizada e hierárquica parece cada vez menos atraente; como mostra o crescente apelo de visões autonomistas, muitas pessoas não aceitam que a participação política cobre o preço da anulação de sua autoexpressão e de sua intervenção individualizada. É possível dizer que há uma armadilha nesse percurso, que atinge quem deseja mudar o mundo, já que para quem quer apenas conservá-lo do jeito que está a organização é muito menos demandante: autoexpressão e política são atividades de natureza distinta. A política é necessariamente representativa e exige a coletivização dos interesses e a transcendência do individual. Ainda que seja assim, não é possível ignorar que grande parte da militância em potencial requer formas de organização mais horizontais, mais abertas à expressão individual, menos rígidas. O "partido político de novo tipo", que foi a principal contribuição de Lenin à estratégia da classe operária, não é mais capaz de ocupar a posição que lhe cabia, e este relógio não volta. A alternativa é entre permanecer na nostalgia ou começar a construir novos instrumentos.

Por outro lado, e já há algum tempo, foi desafiada a compreensão automática de que o eixo de classe tinha primazia diante de qualquer outro na definição da agenda política – o que introduz novas dificuldades para a emergência de uma organização centralizada. As opressões sofridas por mulheres, pela comunidade LGBT, pela população negra, pelos povos indígenas ou por pessoas com deficiência, para citar apenas algumas clivagens importantes, se sobrepõem à dominação de classe, mas não se reduzem a ela. No Brasil, é muito evidente que os retrocessos ocorrem concomitantemente em todas essas dimensões.

Estes grupos se organizam numa miríade de coletivos, em geral fracamente conectados entre si. Para quem foi treinado nas tradições da esquerda partidária, é um pandemônio. Falta unidade de ação, falta coordenação, falta capacidade de priorizar pautas, falta realismo político. É fácil ver neles uma vontade de autoexpressão que se esgota em si mesma e também, em muitos casos, a vulnerabilidade a uma ideologia que prioriza a mudança "comportamental" ou o registro "identitário" e esquece das estruturas sociais. Mas é onde se encontram as energias que podem promover a mudança social. A própria resistência ao golpe de 2016 e ao bolsonarismo mostra isso. Por meio de redes muitas vezes informais, o movimento feminista tem sido protagonista da denúncia dos retrocessos, com mais força do que as organizações da classe trabalhadora, afirmando como central o entendimento de que a igualdade entre mulheres e homens é um item inegociável da democracia que queremos reconstruir.

O desafio de buscar novas formas de organização e mobilização política, que não descartem a experiência acumulada da esquerda mas compreendam a nova paisagem social em que nos movemos, se junta assim à necessidade de combinar os muitos eixos de luta por uma sociedade que supere a opressão. E, ao mesmo tempo, esse projeto amplo precisa se conectar com as urgências do momento, de retomada dos procedimentos mínimos da democracia liberal e de restabelecimento das garantias sociais básicas. Há que combinar a pressão por mudanças imediatas com a afirmação de uma lógica social diferente. Aqui, também, é mais fácil falar do que fazer – a tensão entre a mudança pontual urgente e a transformação de longo alcance, entre o possível e o utópico, é resolvida talvez em fórmulas retóricas (as "reformas não reformistas" de André Gorz, retomadas por Nancy Fraser), mas gera tropeços a cada passo.

É um gigantesco conjunto de tarefas em aberto. Sua dimensão espelha o tamanho da derrota sofrida em 2016 e reafirmada em 2018. A construção da resistência popular – que virá, pois os efeitos da involução social já se fazem sentir – precisa olhar para elas com atenção, a fim de não repetir os erros do passado recente.

NOTAS

1   A fim de alcançar o propósito da reforma partidária, que era dividir a oposição, o regime proibiu coligações partidárias e, em seguida, para evitar coalizões informais, estabeleceu o voto vinculado: o eleitor precisaria votar no mesmo partido para os seis cargos em disputa (vereador, prefeito, deputado estadual, deputado federal, senador e governador), sob pena de anulação. Isso concentrou o voto oposicionista mais politizado em quem apresentava maior chance de ganhar o governo estadual, o que significou, na grande maioria dos casos, o PMDB, partido que sucedeu ao MDB como a principal legenda da oposição. Além disso, vigorava a Lei Falcão, que limitava a campanha eleitoral no rádio e na TV à leitura do currículo dos candidatos, com reflexos especialmente negativos para um partido como o PT, que apresentava uma percepção distinta da luta política e, portanto, precisava explicar suas ideias à população.

2   A tese do "pemedebismo", desenvolvida por Marcos Nobre em *Imobilismo em movimento* (2013), condena o PT por ter se curvado ao vício principal da política brasileira, a acomodação de todos os interesses num sistema de vetos mútuos. Creio que é uma visão simplificadora, que reduz a estratégia política a uma oposição entre intransigência ou transigência moral. Meu entendimento, ao contrário, é que as condições de efetividade que o campo político apresenta à ação de seus integrantes foram sentidas pelo PT, que optou por se adaptar a elas. Não há uma oposição chapada entre capitular ou resistir, mas a tentativa de encontrar caminhos possíveis para a luta política nas circunstâncias reais em que ela ocorre, com as escolhas levando a consequências que não são inteiramente antecipadas pelos agentes.

3   A origem é um famoso relatório à Comissão Trilateral: Michael J. Crozier, Samuel P. Huntington e Joji Watanuki, *The Crisis of Democracy* (1975).

4   Para posições representativas do debate, cf., entre outros, Wagner de Melo Romão, "Políticas públicas y democracia participativa" (2015); Ana Claudia Chaves Teixeira, Clóvis Henrique Leite de Souza e Paula Pompeu Fiuza Lima, "Arquitetura da participação no Brasil", (2012); e Paulo Arantes, *O novo tempo do mundo* (2014, parte 5).

5   Partindo de uma posição muito mais crítica aos governos petistas, a ideia de que suas políticas de inclusão teriam resultado incontornáveis foi abraçada também por Marcos Nobre, *Choque de democracia* (2013).

6   A referência básica para entender a dinâmica da luta por distinção é, evidentemente, Pierre Bourdieu, *A distinção: crítica social julgamento* (2011 [1979]). Sem esse pano de fundo, é impossível compreender a centralidade do *branding* no capitalismo atual, que se apresenta como um verdadeiro "capitalismo de marcas". Sobre este ponto, cf. Naomi Klein, *Sem logo: a tirania das marcas em um planeta vendido* (2002 [1999]).

7   Resultados assemelhados foram obtidos em *surveys* realizados em várias manifestações da direita, mas me reporto aqui à "Pesquisa com os participantes da manifestação do dia 12 de abril de 2015 sobre confiança no sistema político e fontes de informação", coordenada por Esther Solano e Pablo Ortellado (disponível no endereço: <https://gpopai.usp.br/pesquisa/120415/>, acesso em: 3/6/2019).

8   Cf. Projeto Memória Globo (2004).

9   Há balanços parciais, feitos no calor do momento, como, entre outros, os de Ivana Bentes, "Mídia brasileira construiu narrativa novelizada do impeachment" (2016); Mauro Lopes, "As quatro famílias que decidiram derrubar um governo democrático" (2016); Sylvia Debossan Moretzsohn, "A mídia e o golpe" (2016); e Mônica Tarantino, Rachel Costa e Tatiana Marotta, "O papel da mídia na crise" (2016).

10 Não por acaso, José Aníbal, então suplente de senador e condestável do PSDB, reproduziu a frase de Lacerda em sua conta do Twitter em outubro de 2014, faltando menos de uma semana para o segundo turno das eleições (https://twitter.com/jose_anibal/status/524697787116830721; acesso em 12/06/2019).

11 Ajuda, mas não é toda a explicação. Embora afirmasse que buscava reencarnar o espírito original do PT, o PSOL já nasceu com muitas das marcas que o PT foi adquirindo ao longo de sua trajetória, em particular o caráter de partido eleitoral – com seu corolário de fraca conexão com movimentos sociais, discurso público difuso e personalismo das lideranças.

PARA SABER MAIS

Crítica da razão dualista e *O ornitorrinco*
Francisco de Oliveira
São Paulo: Boitempo, 2003.

O primeiro texto, lançado em 1972, é um clássico do pensamento social brasileiro. O segundo, do início do século XXI, tornou-se referência para pensar os obstáculos à transformação social no presente. Ambos discutem como, no Brasil, o moderno e o atrasado não apenas convivem, mas formam uma simbiose: o atraso é a condição para a existência do moderno, que não vive sem ele. *O ornitorrinco* mostra como a ascensão de dirigentes da classe trabalhadora à condição de gestores da acumulação capitalista, nos fundos de pensão ou em empresas estatais, representou mais uma associação de opostos que impede a resolução das contradições sociais.

Os sentidos do lulismo: reforma gradual e pacto conservador
André Singer
São Paulo: Companhia das Letras, 2013.

Na interpretação de André Singer, o PT chegou ao governo com um programa de "reformismo fraco", que buscava melhorar a vida e ampliar os horizontes dos mais pobres sem pôr em risco as vantagens dos privilegiados. Seria o preço a pagar para evitar uma reação que destruísse as possíveis conquistas. No momento em que escrevia, o autor julgava que o projeto tinha sido bem-sucedido e estabeleceria as políticas de inclusão social como um novo patamar para a disputa. Pouco depois, o quadro mudou e este veredito se tornou inaceitável, o que mostra como as classes dominantes brasileiras são refratárias a qualquer redução da desigualdade. Ainda assim, *Os sentidos do lulismo* permanece leitura incontornável para entender os dilemas da esquerda brasileira.

O lulismo em crise: um quebra-cabeça do período Dilma
André Singer
São Paulo: Companhia das Letras, 2018.

O livro faz uma interpretação da presidência Dilma Rousseff a fim de explicar o golpe de 2016. Na visão do autor, Dilma tentou dar dois passos à frente em relação a Lula. Um, na economia, com um "ensaio desenvolvimentista" privilegiando o capital produtivo em vez do rentismo. Outro, na gestão do Estado, com o "ensaio republicano" que combatia focos de corrupção. No entanto, a presidente não foi capaz de articular apoios necessários, seja nas classes e frações de classe, seja nos partidos, para ter sucesso nos enfrentamentos daí decorrentes.

Por que gritamos golpe? Para entender
o impeachment e a crise política no Brasil
Ivana Jinkings, Kim Doria e Murilo Cleto (orgs.)
São Paulo: Boitempo, 2016.

Coletânea de textos escritos no calor dos acontecimentos, publicada entre a destituição provisória de Dilma Rousseff (em maio de 2016) e sua saída definitiva (três meses depois). O volume apresenta uma multiplicidade de aspectos da derrocada da democracia brasileira. Os capítulos tratam da mídia, da classe trabalhadora e dos sindicatos, das mobilizações da direita e de seus financiadores, da política externa, da misoginia e do racismo, dos fundamentalismos religiosos – enfim, dos vários elementos do golpe e dos retrocessos que ele anunciava.

A verdade vencerá: o povo sabe
por que me condenam.
Luiz Inácio Lula da Silva
São Paulo: Boitempo, 2018.

Às vésperas de ser condenado no processo fraudulento que o levaria à prisão, Lula concedeu uma longa entrevista em que discute sua trajetória e seu legado. Nela, ficam claros os pontos fortes e fracos de sua visão política. Por um lado, uma profunda vinculação com a experiência vivida do povo trabalhador, que o leva a assimilar um sentido profundo de urgência para a resolução de seus problemas mais prementes. Por outro, a acomodação com a correlação de forças existente, sem esforço para modificá-la, e a aversão ao confronto. Preso político em Curitiba, Lula continua sendo a figura central da vida política brasileira e o livro é uma preciosa incursão em seu pensamento.

Desigualdades e democracia: o debate
da teoria política
Luis Felipe Miguel (org.)
São Paulo: Editora Unesp, 2016.

Nesta obra, diversos especialistas brasileiros discutem como diferentes vertentes da teoria da democracia tratam sua relação com as desigualdades sociais (de classe, de gênero, de raça, entre outras). Enquanto, para alguns, a questão é reduzir o ideal democrático para torná-lo compatível com uma sociedade desigual, para outros a vigência das desigualdades é uma limitação que a democracia deve enfrentar, caso queira se realizar com plenitude. Embora com foco teórico, o volume contribui para entender a tensão entre as instituições políticas e o mundo social que deveriam representar.

O Estado, o poder, o socialismo
NICOS POULANTZAS
Rio de Janeiro: Graal, 1980.

O golpe de 2016 mostrou a complexidade do Estado brasileiro. O fato de que seu cume – a Presidência da República – estava nas mãos de um grupo político não impediu que este grupo fosse derrubado por outros setores deste mesmo Estado. Aparatos e leis perderam sua fachada de imparcialidade e mostraram com clareza a quais interesses serviam. Poulantzas é reconhecidamente um autor árido, mas sua contribuição é importante para entendermos melhor os ambientes em que as disputas políticas ocorrem.

Tempo comprado: a crise adiada do capitalismo democrático.
WOLFGANG STREECK
São Paulo: Boitempo, 2018.

O colapso da democracia brasileira é parte de um fenômeno mais amplo, a crise da democracia liberal. Mudanças na economia, com as crescentes dificuldades da reprodução capitalista a partir do "choque do petróleo" nos anos 1970, e no clima político, com o fim do bloco soviético, colocaram em xeque o modelo político do Ocidente, baseado em concessões mútuas entre capital e trabalho. O Estado se retrai e parcelas crescentes da vida social passam a ser reguladas apenas pelo mercado. Embora a realidade dos países desenvolvidos, foco da análise de Streeck, tenha diferenças importantes em relação ao Brasil, o quadro geral é valioso para entender nossa situação.

O 18 Brumário de Luís Bonaparte
KARL MARX
In: *A Revolução antes da Revolução II*. São Paulo: Expressão Popular, 2008.

A obra-prima da análise política de Marx traz três lições principais. Primeiro, mostra que a conexão entre as disputas políticas relacionadas aos grandes interesses econômicos, indispensável para a interpretação da realidade social, não é mecânica nem pode ser feita de forma apressada: é sensível às peculiaridades da situação. Portanto (a segunda lição), é necessário admitir a efetividade do momento político, ao contrário de perspectivas simplistas que julgam que a política é mero reflexo da economia. Por fim, o livro revela como a burguesia, embora seja a classe dominante do Estado capitalista, nem sempre domina nos termos que gostaria, e pode se ver obrigada a lançar mão de aliados instáveis, com projetos próprios, por vezes imprevisíveis. Era o caso de Luís Bonaparte, tal como é o caso de Jair Bolsonaro. O conceito marxiano de "bonapartismo" se mostra, assim, uma ferramenta essencial para indagar o Brasil de hoje.

REFERÊNCIAS BIBLIOGRÁFICAS

INTRODUÇÃO

AVRITZER, Leonardo. *Impasses da democracia no Brasil*. Rio de Janeiro: Civilização Brasileira, 2016.

ESTADO DE S. PAULO. Brasil vive pausa democrática para freio de arrumação, diz Ayres Britto, *O Estado de S. Paulo*, online, 22 de abril de 2016. (Disponível em https://politica.estadao.com.br/noticias/geral,brasil-vive-pausa-democratica-para-freio-de-arrumacao--diz-ayres-britto,10000027535; acesso em 28/5/2019.)

FERNANDES, Florestan. *O Brasil em compasso de espera*. São Paulo: Hucitec, 1980.

FRASER, Nancy. The end of progressive neoliberalism, *Dissent*, v.64, n.2, 2017, p.130-40.

MARX, Karl. *Crítica da filosofia do direito de Hegel*. São Paulo: Boitempo, 2005 [1834].

PRZEWORSKI, Adam. Ama a incerteza e serás democrático, *Novos Estudos*, n.9, 1984 [1983], p.36-46.

SINGER, André. *Os sentidos do lulismo: reforma gradual e pacto conservador*. São Paulo: Companhia das Letras, 2012.

CAPÍTULO 1

ABRANCHES, Sérgio. Presidencialismo de coalizão: o dilema institucional brasileiro, *Dados*, v.31, n.1, 1988, p.5-32.

AVRITZER, Leonardo. *Impasses da democracia no Brasil*. Rio de Janeiro: Civilização Brasileira, 2016.

DAHL, Robert A. *Polyarchy: participation and opposition*. New Haven: Yale University Press, 1971.

_____. A democratic paradox?, *Political Science Quarterly*, v.115, n.1, 2000, p.35-40.

DAMIANI, Marco. *La sinistra radicale in Europa: Italia, Spagne, Francia, Germania*. Roma: Donzelli, 2016.

MIGUEL, Luis Felipe. *Democracia e representação: territórios em disputa*. São Paulo: Editora Unesp, 2014.

MIGUEL, Luis Felipe (org.). *Desigualdades e democracia: o debate da teoria política*. São Paulo: Editora Unesp, 2016.

NOBRE, Marcos. *Imobilismo em movimento: da abertura democrática ao governo Dilma*. São Paulo: Companhia das Letras, 2013.

NORRIS, Pippa (ed.). *Critical Citizens: Global Support for Democratic Governance*. Oxford: Oxford University Press, 1999.

OFFE, Claus. Dominação de classe e sistema político: sobre a seletividade das instituições políticas, *Problemas estruturais do Estado capitalista*. Rio de Janeiro: Tempo Brasileiro, 1984 [1972].

PHARR, Susan J.; Robert D. PUTNAM (eds.). *Disaffected Democracies: What's Troubling the Trilateral Countries?* Princeton: Princeton University, 2000.

PRZEWORSKI, Adam. *Estado e economia no capitalismo*. Rio de Janeiro: Relume-Dumará, 1995 [1990].

REIS, Fábio Wanderley. Consolidação democrática e construção do Estado. In: O'DONNELL, Guillermo; REIS, Fábio

Wanderley (orgs.), *A democracia no Brasil: dilemas e perspectivas*. São Paulo: Vértice, 1988.

ROSANVALLON, Pierre. *La contre-démocratie: la politique à l'âge de la défiance*. Paris: Seuil, 2006.

SCHUMPETER, Joseph A. *Capitalism, Socialism and Democracy*. New York: Harper Perennial, 1976 [1942].

TAROUCO, Gabriela da Silva; MADEIRA, Rafael Machado. Partidos, programas e o debate sobre esquerda e direita no Brasil, *Revista de Sociologia e Política*, n.45, 2013, p.149-65.

VITULLO, Gabriel E. Transitologia, consolidologia e democracia na América Latina: uma revisão crítica, *Revista de Sociologia e Política*, n.17, 2001, p.53-60.

CAPÍTULO 2

ARANTES, Paulo. *O novo tempo do mundo e outros estudos sobre a era da emergência*. São Paulo: Boitempo, 2014.

CROZIER, Michael J.; HUNTINGTON, Samuel P.; WATANUKI, Joji. *The Crisis of Democracy: Report on the Governability of Democracies to the Trilateral Comission*. New York: New York University Press, 1975.

HAYEK, F. A. *O caminho da servidão*. 5.ed. Rio de Janeiro: Instituto Liberal, 1990 [1944].

D'ARAUJO, Maria Celina. *A elite dirigente do governo Lula*. Rio de Janeiro: CPDOC, 2009.

LO PRETE, Renata. Jefferson denuncia mesada paga pelo tesoureiro do PT, *Folha de S. Paulo*, 6 de junho de 2005, p.A-3.

MAAR, Wolfganf Leo. Luta de classes na socialização capitalista: Estado privatizado e construção privada da esfera pública. In: SINGER, André; LOUREIRO, Isabel (orgs.), *As contradições do lulismo: a que ponto chegamos?* São Paulo: Boitempo, 2016.

MICHELS, Robert. *Sociologia dos partidos políticos*. Brasília: Editora UnB, (1982 [1911]).

MIGUEL, Luis Felipe. A palavra "aperfeiçoada": o discurso do Partido dos Trabalhadores nas eleições de 2002. In: LEMOS, André; BERGER, Christa; BARBOSA, Marialva (orgs.). *Narrativas midiáticas contemporâneas*. Porto Alegre: Sulina, 2006.

_____. Aborto e democracia, *Revista Estudos Feministas*, v.20, n.3, 2012, p.657-72.

_____. *Dominação e resistência: desafios para uma política emancipatória*. São Paulo: Boitempo, 2018.

NOBRE, Marcos. *Choque de democracia: razões da revolta*. São Paulo: Companhia das Letras, 2013.

_____. *Imobilismo em movimento: da abertura democrática ao governo Dilma*. São Paulo: Companhia das Letras, 2013.

OLIVEIRA, Francisco de. *Crítica da razão dualista e O ornitorrinco*. São Paulo: Boitempo, 2003.

OSAKABE, Haquira. A palavra imperfeita. *Remate de Males*, n.7, 1987, p.167-71.

ROMÃO, Wagner de Melo. Políticas públicas y democracia participativa: avances y límites de las conferencias nacionales en Brasil. In: MINNAERT, Anja; ENDARA, Gustavo (coords.), *Democracia participativa e izquierdas: logros, contradicciones y desafíos*. Quito: Friedrich Ebert Stiftung, 2015.

SINGER, André. *Os sentidos do lulismo: reforma gradual e pacto conservador*. São Paulo: Companhia das Letras, 2012.

SOUZA, Leonardo. Seria útil se Cunha renunciasse, afirma deputado federal Miro Teixeira, *Folha de S.Paulo*, 20 de julho de 2015, p.A-10.

TEIXEIRA, Ana Claudia Chaves; SOUZA, Clóvis Henrique Leite de; LIMA, Paula Pompeu Fiuza. Arquitetura da participação no Brasil: uma leitura das representações políticas em espaços participativos nacionais, *Textos para Discussão*, n.1735. Brasília: Ipea, 2012.

CAPÍTULO 3

AMARAL, Marina. Jabuti não sobe em árvore: como o MBL se tornou líder das manifestações pelo *impeachment*. In: JINKINGS, Ivana Jinkings; DORIA, Kim; CLETO, Murilo (orgs.). *Por que gritamos golpe? Para entender o* impeachment *e a crise política no Brasil*. São Paulo: Boitempo, 2016.

ASSANGE, Julian. *Cypherpunks: liberdade e o futuro da internet*. São Paulo: Boitempo, 2013 [2012].

BARROS, Celso Rocha de. Ressentimento da classe média, *Folha de S.Paulo*, 16 de janeiro de 2017, p.A-6

BOURDIEU, Pierre. *A distinção: crítica social julgamento*. Zouk: Porto Alegre, 2011 [1979].

CARVALHO, Olavo de. *A nova era e a revolução cultural: Fritjof Capra & Antonio Gramsci*. 3.ed., rev. aum.; online, 2002.

FREEMAN, Samuel. Illiberal libertarians: why libertarianism is not a liberal view, *Philosophy & Public Affairs*, v.30, n.2, 2002, p.105-51.

HAYEK, F. A. *O caminho da servidão*. 5.ed. Rio de Janeiro: Instituto Liberal, 1990 [1944].

KLEIN, Naomi. *Sem logo*: a tirania das marcas em um planeta vendido. Rio de Janeiro: Record, 2002 [1999].

MACHADO, Maria das Dores Campos. *Política e religião: a participação dos evangélicos nas eleições*. Rio de Janeiro: Editora FGV, 2006.

MAYER, Jane. *Dark Money: The Hidden History of the Billionaires behind the Rise of the Radical Right*. New York: Doubleday, 2016.

MIGUEL, Luis Felipe. O liberalismo e o desafio das desigualdades. In: MIGUEL, Luis Felipe (org.). *Desigualdades e democracia: o debate da teoria política*. São Paulo: Editora Unesp, 2016.

_____. *Consenso e conflito na democracia contemporânea* São Paulo: Editora Unesp, 2017.

MIGUEL, Luis Felipe; COUTINHO, Aline de Almeida. A crise e suas fronteiras: oito meses de "mensalão" nos editoriais dos jornais, *Opinião Pública*, v.13, n.1, 2007, p.97-123.

ORO, Ari Pedro. A política da Igreja Universal e seus reflexos nos campos religioso e político brasileiros, *Revista Brasileira de Ciências Sociais*, n.53, 2003, p.53-69.

ORTEGA Y GASSET, José. *A rebelião das massas*. São Paulo: Martins Fontes, 1987 [1937].

ORTELLADO, Pablo; SOLANO, Esther. Nova direita nas ruas? Uma análise do descompasso entre manifestantes e os convocantes dos protestos antigoverno de 2015, *Perseu*, n.11, 2016, p.169-80.

SOUZA, Jessé. *A radiografia do golpe*. São Paulo: Leya, 2016.

CAPÍTULO 4

ALMEIDA, Rodrigo de. *À sombra do poder: bastidores da crise que derrubou Dilma Rousseff*. São Paulo: Leya, 2016.

BENKLER, Yochai; FARIS, Robert; ROBERTS, Hal. *Network Propaganda: Manipulation, Disinformation, and Radicalization in American Politics*. Oxford: Oxford University Press, 2018.

BENTES, Ivana. Mídia brasileira construiu narrativa novelizada do *impeachment. The Intercept Brasil*, online, 1º de setembro de 2016. (Disponível em https://theintercept.com/2016/09/01/midia-brasileira-construiu-narrativa-novelizada-do-impeachment/; acesso em 13/9/2016).

ETTEMA, James S.; GLASSER, Theodore L. *Custodians of Conscience: Investigative Journalism and Public Virtue*. New York: Columbia University Press, 1998.

GANS, Herbert J. *Deciding What's News: A Study of* CBS Evening News, NBC Nightly News, Newsweek *and* Time. New York: Random House, 2004 [1979].

HALLIN, Daniel C. *The "Uncensored War": The Media and Vietnam*. Berkeley: University of California Press, 1986.

LOPES, Mauro. As quatro famílias que decidiram derrubar um governo democrático. In: JINKINGS, Ivana; DORIA, Kim; CLETO, Murilo (orgs.). *Por que gritamos golpe? Para entender o impeachment e a crise política no Brasil*. São Paulo: Boitempo, 2016.

McCHESNEY, Robert W. *Digital Disconnect: How Capitalism is Turning the Internet Against Democracy*. New York: The New Press, 2013.

MIGUEL, Luis Felipe. Mídia e eleições: a campanha de 1998 na Rede Globo., *Dados*, v.42, n.2, 1999, p.253-76.

_____. A eleição visível: a Rede Globo descobre a política em 2002, *Dados*, v.46, n.2, 2003, p.289-310.

_____. *Democracia e representação: territórios em disputa*. São Paulo: Editora Unesp, 2014.

MORETZSOHN, Sylvia Debossan. A mídia e o golpe: uma profecia autocumprida. In: FREIXO, Adriano de; RODRIGUES, Thiago (orgs.). *2016, o ano do golpe*. Rio de Janeiro: Oficina Raquel, 2016.

PROJETO MEMÓRIA GLOBO. *Jornal Nacional: a notícia faz história*. Rio de Janeiro: Jorge Zahar, 2004.

RODRIGUES, Fernando. Lula coloca publicidade estatal em 8.094 veículos, *Folha de S.Paulo*, 28 de dezembro de 2010, p.A-4.

SCHWARTSMAN, Hélio. Uma guerra atrasados, *Folha de S. Paulo*, 20 de janeiro de 2015, p.A-2.

TARANTINO, Mônica; COSTA, Rachel; MAROTTA, Tatiana. O papel da mídia na crise, *Brasileiros*, 26 de maio de 2016.

VELOSO, Ana Maria da Conceição; VASCONCELOS, Fabíola Mendonça de. Dilma na *IstoÉ* e Marcela na *Veja*: os rastros do sexismo nas produções das duas revistas semanais brasileiras. *Paper* apresentado no XXXIX Congresso Brasileiro de Ciências da Comunicação. São Paulo, 5 a 9 de setembro de 2016.

CAPÍTULO 5

ALESSI, Gil. Sérgio Moro pede desculpa por "polêmica" de áudios de Lula e isenta Dilma, *El País Brasil*, online, 31 de março de 2016. (Disponível em http://brasil.elpais.com/brasil/2016/03/30/politica/1459296826_155962.html; acesso em 31 jul. 2016).

ALTHUSSER, Louis. *Montesquieu, la politique et l'histoire*. Paris: Presses Universitaires de France, 1992 [1959].

BRAGA, Ruy. Terra em transe: o fim do lulismo e o retorno da luta de classes. In: SINGER, André; LOUREIRO, Isabel (orgs.). *As contradições do lulismo: a que ponto chegamos?*. São Paulo: Boitempo, 2016.

DEMIER, Felipe. A revolta a favor da ordem: a ofensiva da oposição de direita. In: DEMIER, Felipe; HOEVELER, Rejane (orgs.). *A onda conservadora: ensaios sobre os atuais tempos sombrios do Brasil*. Rio de Janeiro: Mauad, 2016.

ESCOBAR, Pepe. O Brasil no epicentro da Guerra Híbrida, *Outras Palavras*, online, 3 de março de 2016. (Disponível em http://outraspalavras.net/brasil/o-brasil-no-epicentro-da-guerra-hibrida/; acesso em 28/2/2017.)

FELLI, Romain. *Les deux âmes de l'écologie: une critique du développement durable*. Paris: L'Harmattan, 2008.

HAMILTON, Alexander; MADISON, James; JAY, John. *The Federalist*. Chicago: Encyclopædia Britannica, 1990 [1788].

MAISONNAVE, Fabiano. Integralista xinga Montesquieu e pede fim da divisão dos Poderes. *Folha de S.Paulo*, online, 12 de abril de 2015. (Disponível em http://www1.folha.uol.com.br/poder/2015/04/1615686-integralista-xinga--montesquieu-e-pede-fim-da-divisao-dos-poderes.shtml; acesso em 12/2/2017.)

OFFE, Claus. De quelques contradictions de l'État-providence moderne. In: *Les démocraties modernes à l'épreuve*. Paris: L'Harmattan, 1997 [1984].

POULANTZAS, Nicos. *O Estado, o poder, o socialismo*. Rio de Janeiro: Paz e Terra, 2015 [1978].

SINGER, André. A (falta de) base política para o ensaio desenvolvimentista. In: SINGER, André; LOUREIRO, Isabel (orgs.). *As contradições do lulismo: a que ponto chegamos?*. São Paulo: Boitempo, 2016.

_____. *O lulismo em crise: um quebra-cabeça do período Dilma (2011-2016)*. São Paulo: Companhia das Letras, 2018.

SOUZA, Jessé. *A radiografia do golpe*. São Paulo: Leya, 2016.

TROTT, Stephen S. O uso de um criminoso como testemunha: um problema especial. Trad. Sérgio Fernando Moro. *Revista CEJ*, n.37, 2007 [1996], p.68-93.

CONCLUSÃO

GOPEGUI, Belén. *El comité de la noche*. Barcelona: Random House, 2014.

GORZ, André. *Métamorphoses du travail: quète du sens. Critique de la raison économique*. Paris: Galilée, 1988.

MIGUEL, Luis Felipe. *Dominação e resistência: desafios para uma política emancipatória*. São Paulo: Boitempo, 2018.

MILL, John Stuart. *O governo representativo*. São Paulo: Ibrasa, 1995 [1861].

OFFE, Claus. Dominação de classe e sistema político: sobre a seletividade das instituições políticas. In: *Problemas estruturais do Estado capitalista*. Rio de Janeiro: Tempo Brasileiro, 1984 [1972].

POULANTZAS, Nicos. *O Estado, o poder, o socialismo*. Rio de Janeiro: Paz e Terra, 2015 [1978].

ROCHA, Juliana e Cátia SEABRA. Petroleiras foram contra novas regras para pré-sal, *Folha de S. Paulo*, 13 de dezembro de 2009, p.A-4.

VIDAL-NAQUET, Pierre. *Os gregos, os historiadores, a democracia: o grande desvio*. São Paulo: Companhia das Letras, 2002 [2000].

SOBRE O AUTOR

LUIS FELIPE MIGUEL (RIO DE JANEIRO, 1967) é doutor em Ciências Sociais pela Universidade Estadual de Campinas (Unicamp) e professor titular livre do Instituto de Ciência Política da Universidade de Brasília (UnB), onde coordena o Grupo de Pesquisa sobre Democracia e Desigualdades (Demodê). É pesquisador do Conselho Nacional de Desenvolvimento Científico e Tecnológico (CNPq). É autor, entre outros, dos livros *Democracia e representação: territórios em disputa* (Editora Unesp, 2014), *Consenso e conflito na democracia contemporânea* (Editora Unesp, 2017) e *Dominação e resistência: desafios para uma política emancipatória* (Boitempo, 2018).

Ê

Coleção Emergências

*O colapso da democracia no Brasil
da constituição ao golpe de 2016*

EDIÇÃO
Jorge Pereira Filho
Miguel Yoshida

COPIDESQUE
Leandro Rodrigues

ILUSTRAÇÃO
Victor Flynn

PROJETO GRÁFICO
Estúdio Bogari

Sobre o livro
Formato: 120 x 180 mm
Mancha: 85 x 145 mm
Tipologia: Frutiger LT Std 10/14
Papel: Polen soft 80 g/m²
Cartão 250g/m² (capa)
1ª edição 2019
1ª reimpressão 2019